self!

혼자놀기

나에게 주는
가장 큰 선물

강미영 쓰고 천혜정 그리고 찍다

비아북
ViaBook Publisher

: 추천의 글 :

혼자 놀지 못하는 사람과
놀지 마라!

문요한 (정신과 전문의, 정신경영아카데미 대표)

'혼자놀기!' 이 책은 참 흥미롭다. 통통 튀는 글과 다양한 놀이 비법도 재미있지만 생각과는 달리 혼자 잘 노는 것이 건강하고 생산적이라는 느낌이 들어서이다. 어쩌면 자기계발의 최고 단계는 바로 '혼자놀기가 아닐까?'라는 생각이 들 정도였다. 사실 우리 사회는 갈수록 혼자만의 시간은 늘어나고 있지만, 혼자 있는 시간을 즐길 줄 아는 능력은 오히려 줄어들고 있는 불균형의 상태이다. 그러다 보니 혼자 있는 시간에 자기계발은 둘째 치고 시체놀이를 하며 뒹굴거나 게임, TV시청과 같은 수동적인 활동으로 여가를 보내는 경우가 흔한 일이다.

그렇다고 사회적 흐름을 거꾸로 돌려 공동체 문화를 강화시키는 것은 쉽지 않을 것 같다. 사회의 개인화는 미래학자 존 나이스비트가 이야기한 것처럼 거부할 수 없는 메가트렌드이기 때문이다. 주위를 한번 살펴보자. '셀카'와 같이 '셀프'라는 단어가 들어간 말이 얼마나 많아졌는가. 가족이 사용하는 전기제품이라고 해서 붙여진 가전家電이라는 말은 이제 개인이 사용하기 때문에 개전個電으로 바꿔 불러야 한다는 이야기가 나올 정도이다. 혼자 사는 1인 가구가 330만을 넘어섰고, 외자녀 가정은 갈수록 늘어나고 있다. 그렇다면 이 문화적 혼란과 정신역량의 불균형에 대한 해법은 무엇일까? '관계의 강화'가 쉽지 않다면 '혼자놀기'의 문화를 보다 생산적이고 창의적으로 발전시키는 데 그 답이 있을 것이다.

상담을 하다 보면 잘 노는 사람 중에 정신적으로 고통받는 사람을 보기란 쉽지 않다. 잘 노는 것은 일하고 사랑하는 것과 함께 건강한 삶의 필수 요소이다. 그럼에도 우리는 노는 것에 대해 불편한 마음을 지니고 있다. 그것은 '논다'는 것에 대한, 산업화 시대의 부정적인 생각을 21세기인 오늘날까지 버리지 못하고 있기 때문이다. 즉, 신명의 민족문화는 사라져버린 채 '논다'는 것을 '할 일 없음'으로 받아들이고 있는 것이다. 게다가 혼자 노는 것은 더 불편하게 느낀다. 여전히 집단주의 문화가 강하게 남아 혼자 노는 사람을 사회성에 문제가 있는 사람으로 볼 것이라는 두려움이 크기 때문이다.

하지만 혼자놀기는 결코 부정적인 것이 아니며, 어떻게 노느냐가 중요하다. 혼자 수동적으로 게임만 하고 세상과 담을 쌓는다면 은둔형 외톨이가 될 수도 있겠지만 혼자의 시간을 능동적으로 활용한다면 혼자놀기는 일상을 새롭게 보는 창의적 실험이자 자신의 한계를 넘어서는 도전이 될 수 있다. 어디 그뿐이겠는가! 혼자놀기는 자신의 상처에 소독약을 바르는 자기치유의 시간이자 자신의 새로움과 강점을 발견하는 내적 여행이 될 수 있다. 정 못 믿겠다면 어린 시절을 떠올려보라. 우리를 키운 것도, 우리의 상처를 아물게 한 것도 놀이라는 사실을 발견할 것이다.

우리는 혼자 놀 줄 알아야 한다. 혼자 놀 줄 아는 사람만이 관계와 존재의 균형을 유지할 수 있고 함께 놀 수 있다. 저자는 '건강한 혼자놀기'라는 자기 체험을 낱낱이 보여줌으로써 개인의 원자화에 대한 능동적 해법을 제시해주고 있다. 이 책은 일상에 지친 현대인의 자기 치유과정을 놀이로 표현한 흥미진진한 에세이이자, 생산적 혼자놀기가 치열한 경쟁과 고독으로 침식당하는 우리의 삶을 얼마나 풍성하고 다채롭게 가꿔줄 수 있는지를 제시하는 훌륭한 길잡이다. 이 책 안에서 우리는 혼자놀기가 결코 더 깊은 외로움으로 빠져드는 늪이 아니라 오히려 자신을 세우고 관계와 세상으로 나아가는 계단임을 알아갈 것이다. 때로는 도발적인 연인처럼, 때로는 천진난만한 아이처럼, 때로는 길 위의 철학자처럼, 때로는 일상의 예술가처럼 저자는 여러 모습이 되어 우리 안에 감추어진 내면의 보석을 꺼내줄 것이라 믿는다.

: 프롤로그 :

혼자만의 축제는
시작됐다

　우리는 마음속에 운동장을 하나씩 가지고 태어난다. 그 운동장에는 내가 함께 놀 사람들과 놀이기구들이 있다. 어느 날 돌아보니 내 마음의 운동장에는 항상 사람들이 가득 차 있었다. 함께 놀던 사람들이 돌아가기 전에 다음 친구들이 놀러오고, 잠시라도 운동장이 비어 있으면 누구를 초대해야 하나 다음 손님을 찾아다녔다. 나를 돌보고 숨을 고르고 쉴 틈도 없이 항상 내 운동장은 사람들로 붐볐다. 가끔 텅 빈 운동장이 그립기도 했지만, 혼자이기에는 너무 바쁘고 정신이 없었다.

　어쩌다 혼자 남겨지더라도 혼자만의 시간을 즐기는 방법을 알지 못했다. 엉거주춤한 상태로 있다가 그 시간들을 견뎌내지 못하고 허둥대며 다시 사람들 속으로 들어가기를 반복했다. 혼자인 시간에 대해 배운 적도 없고, 그 시간이 의미 있다 말해준 사람도 없었다. 너무 오랫동안 '관계'만을 배우며 살아왔다. 있는 그대로의 내가 아니라 누군가의 무엇이 되어 적절한 위치에서 맡은 역할을 해내는 것에 익숙해져 있었다. 혼자인 시간은 외롭고 불안했다.

　혼자인 시간을 잘 돌봐야 한다. 누군가와 함께이기만을 고집하는 사람은 반쪽짜리 인생을 사는 것이다. 살아가는 동안 사람들과 함께 강강술래를 하는 시간도 중요하지만 혼자서 조용히 밤하늘의 보름달을 바라보는 시간도 필요하다. 사람들과 얼음땡 놀이를 재미있게 하기 위해서는 트랙을 열심히 돌며 달리기 연습을 해야 한다. 정글짐에서 하는 술래잡기도 재미있지만 혼자 튼튼한 철봉에 거꾸로 매달려 있는 자각의 시간도 의미 있다. 가끔은 운동장에 모인 사람들을 모두 퇴장시키고 운동장의 모래를 가지런히 정리해야 한다.

누구에게나 혼자이고 싶은 순간은 있다. 아무리 좋은 친구와 사랑하는 사람이 있어도 혼자이고 싶은 순간은 있다. 가끔은 옆에 사람이 있기에 더욱 외로울 때도 있다. '혼자'라는 것은 우리가 하루하루를 살면서 겪어내는, 얼핏 사소하고 하찮은 일들 속에 포함되어 있는 '느낌'이다. 아이를 키우는 사람이나 돈을 버는 사람이나 공부하는 사람이나, 연봉이 2000만 원인 사람이나 10억 원인 사람이나, 나이가 든 사람이나 어린 사람이나, 엄마나 아빠나, 결혼한 사람이나 싱글인 사람이나 평생 독신으로 살려는 사람이나, 애인이 있는 사람이나 없는 사람이나, 누구나 가끔 혹은 자주 혼자이고 싶다. '혼자'라는 것은 어떤 상태나 개념이 아니라 감정이기 때문이다. 우리가 살아가면서 '사랑한다', '행복하다'고 느끼는 것처럼 '혼자'라는 것도 우리에게 찾아오는 느낌이다.

'혼자'라는 감정에 익숙해지는 데는 연습이 필요하다. 이 책이 당신을 그 출발점에 세워놓을 수 있길 바란다. 혼자이고 싶어 하는 내 마음이 유치해서 아무에게도 꺼내놓을 수 없었던 사람들이 조용히 치유받길 바란다. 나만 그런 게 아니구나 하고 위로받길 바란다. 아무런 이유 없이 외롭고, 가끔 혼자이고 싶었던 마음을 누군가도 똑같이 느낀다는 것을 알아주길 바란다. 나아가 '그럼, 나도 혼자 놀아볼까?'라고 마음먹어준다면 더 없이 좋겠다.

당신의 운동장에는 무엇이 보이는가? 누가 있는가? 혼자 남겨진 운동장에 가만히 드러눕거나 쪼그려 앉아 외로워하며 시간을 보내지는 말자! 다른 사람들의 박수가 없어도 부채춤을 추자! 출발선과 도착선을 그어놓고 혼자만의 달리기를 시작하자! 혼자 남겨진 운동장에도 만국기를 걸어라! 이제, 혼자만의 축제는 시작됐다.

: Contents :

4　**추천의 글**　혼자 놀지 못하는 사람과 놀지 마라!
6　**프롤로그**　혼자만의 축제는 시작됐다

혼자놀기 1

Surprise 내 안에서 반짝반짝 빛나는 나에게

12 ● 커피 브레이크
22 ● 오늘은 나만의 뷰티풀데이
28 ● 아가씨, 여관에 가다
36 ● 오늘이 가기 전에 해야 할 일들
44 ● 쉬운 일도 어렵게
52 ● 한계에 도전하다

혼자놀기 2

Energy 낯선 공간이 나를 춤추게 한다

62 ● 막간의 시간을 이용한 혼자놀기 신공
70 ● 일상의 관찰력을 키워주는 유쾌한 고독
78 ● 시간을 비틀면 여유가 보인다
86 ● 내 몸에서 찾은 한 뼘의 행복
94 ● 나만의 취향 사전
102 ● 일상에서 탈출하다

혼자놀기 3

Like 내 속에 꼭꼭 숨겨둔 마음상자 열기

110 ● 나의 이야기를 만들다
118 ● 문을 잠그면 자유가 보인다

124 ● 다 나를 위해서 그러는 거라고? 거짓말!
132 ● 죽음 후에 오는 것들
140 ● 출근 버스에서 뛰어내리다
148 ● 누군가 그리운 날에는

혼자놀기 4
Feel 누구에게나 혼자이고 싶은 날이 있다

158 ● 이유있는 반항
164 ● 혼자 밥 먹는 사람이 강하다
172 ● 만신창이가 된 날에는 거침없이 하이킥
178 ● 일상의 구멍을 메워라
186 ● 마음을 안정시켜주는 단순반복 수작업
192 ● 조급증에서 나를 구해주는 사랑스런 고요

혼자놀기 5
!ink 나와 너 그리고 우리, 마음이 마음에게

202 ● 친구들 속에서도 나는 외롭다
208 ● 인류에 도움이 될 나만의 쓰임새를 찾아라
216 ● 친구에게 일기 같은 편지를 보내다
222 ● 부모님, 드디어 독립하다
230 ● 커뮤니티에서 존재감 있게 살아남기
238 ● 같이 따로 놀기, 따로 같이 놀기

245 에필로그 혼자를 넘어서… 60억 개의 혼자놀기!

Surprise

: 혼자놀기 1 :

내 안에서
반짝반짝 빛나는
나에게

어른이 되면 할 수 있는 일이, 해도 되는 일이 많을 줄 알았는데
정작 어른이 되고 보니 할 수 있는 일이 그리 많지 않아 크게 실망하고 있다.
나에게 주어진 자유라는 것이 책임의 다른 이름임을 알았을 때
아주 손쉽게 해결될 수 있는 작은 소망조차도 쉽게 꺼내놓지 못했다.
조용히 일어나는 호기심도 작은 가슴에 가지런히 접어두어야 했다.

내가 쥐고 있는 어른의 무게를 한 번쯤은 탁 하고 놓아버리고 싶다.
다른 사람들의 시선을 벗어나 책임도, 나이도, 한계도 없는 자유를 꿈꾼다.
세상에는 해서는 안 될 일들이 그렇게 많지 않다.

'어른'이라는 겉옷을 벗고 내 속의 나를 만나고 싶다.

커피 브레이크

간혹 하루가 다 지나가는데 오늘이라는 발자국 하나를 찍지 못한 날이었음을 알게 됩니다.
잘 걷지 못하는 사람처럼 어제의 발자국을 끌며 산 날이라는 생각이 들 때가 있습니다.
_구본형,《일상의 황홀》

매일 매일 내 하루의
챔피언이 되고 싶다.
하지만 끊임없이 달리는 것만으로는 곤란하다.

내가 지금 어떤 시간을 보내고 있는지
내가 얻는 것이 무엇이고, 잃는 것이 무엇인지
어디를 향하고 있는지
한 걸음 한 걸음 의미 있는 걸음들을 떼고 있는지
내가 쏟아낸 땀방울이 헛되지는 않은지
관찰하고 의식하며 살아야겠다.

일단 카페에 들어갈 것

 퇴근하고 혼자 가는 카페가 있으세요? 다이어리 한 페이지를 끼적일 수 있는 조용한 카페도 좋고, 책을 읽는 북 카페도 좋고, 마음 좋은 주인장과 수다를 떨 수 있는 작은 카페도 좋고, 아무 생각 없이 창 밖을 내려다볼 수 있는 3층의 카페도 좋다. 가만히 밤이 오는 풍경을 보면서 아무것도 하지 않는 나를 견뎌낼 수 있는 시간을 가질 수 있는 카페면 어디든 좋다. 퇴근 후, 그대로 집에 가기 싫은 내 마음이 잠시 들를 수 있는 곳이면 된다.
 퇴근 후 혼자만의 시간을 갖는 것은 중요하다. 일주일에 한 번, 아니 한 달에 한 번쯤은 내가 걸어가고 있는 길을 되짚어보아야 한다. 내가 원하지 않는 것들로 어지럽혀져 있지는 않은지, 사람들의 소용돌이에 휘말려 내 길이 아닌 길로 가고 있는 것은 아닌지, 남편과 가족도 중요하지만 정작 나 자신은 얼마나 아껴주고 있는지! 주말에 특별히 시간을 내서 나와 앉아 있는 것도 번거롭고 괜히 유난을 떠는 것 같아서 나는 퇴근 후 혼자 카페에 들어가 조용한 시간을 갖는다. 이 취미가 마음에 드는 이유는 102가지도 더 되지만, 그중 몇 가지를 얘기하면 우선은 친구와 한 잔 꺾자는 약속 없이도 언제든 할 일이 있어서 좋다. 어차피 카페는 혼자 가는 곳이니까 혼자라고 머쓱해하지 않아도 된다. 퇴근 후 카페에 들어서기만 하면 신기하게도 할 일이 생긴다. 책 읽기, 글 쓰기, 편지 쓰기, 노래 듣기,

내 숨통을 틔워주는 시간,
커피 브레이크 타임!

일기 쓰기, 공상하기……. 하고 싶었던 일들이 생각나고 별로 생각 없던 일들도 하고 싶어진다. 주말에 시간 내서 나오려면 여러 가지를 준비해야 하지만 퇴근 후 잠시 카페에 들를 경우에는 가족에게 "오늘 야근이야"라는 한마디로 간단히 핑계를 댈 수 있다. 게다가 사람 구경하는 데는 카페만 한 곳이 없다. 카페 밖을 지나가는 사람은 물론이고 카페 안에 앉아서 수다를 떨거나 나처럼 혼자 바스락거리는 사람들을 관찰 혹은 구경하는 다소 무례한 행동도 쉽게 용서받는다. 아무런 의미 없어 보이는 이런 시간들이 내 생활을 정돈해주고, 숨통을 트여준다.

되는 대로 살아가다 보면 어느새 나도 모를 곳에 도착해 있다. 돌아가기에도 너무 먼 곳까지 오고 나서야 내가 어딘가에 도착해 있음을 알아차리게 된다. 그러니 중간에 발을 멈추고 '너 맞게 가고 있니' 하고 물어줘야 한다. 일상이 진짜 일상으로만 느껴질 때, 내 삶이 고장 난 브레이크를 장착한 것처럼 멈춤 없이 흘러가기만 할 때, 그저 해가 뜨고 진다는 이유만으로 나의 하루가 끝나갈 때, 우리에게는 돌아볼 시간이 필요하다. 내 마음이 왜 이렇게 분주한지, 내가 올바른 방향을 향하고 있는지, 방향키를 돌려야 할 지점은 어디인지, 체크해야 한다.

누가 알아주지 않아도 혼자 조용히 정리해야 하는 나만의 세계가 있다. 퇴근길에 마음이 닿는 곳에 들어가 앉아 커피 한잔 시키고 잠시 바쁜 숨을 골라보자. 카페에 들어서서 그냥 생각나는 일을 시작하면 된다. 커피 한잔과 책 한 권, 다이어리, 그리고 혼자만의 시간이 함께한다면 뭐든지 좋다. 혼자서. 조용히. 가만히. 열심히.

일상의 먼지를 털다

오늘은 카페에 앉아 나의 일상 중 엄마가 안다면 혼낼 만한 것이 무엇이 있는지 생각해봤다. 내 일상을 가볍게 돌아볼 수 있는 나만의 방식이다. 입고 나갔던 바지를 바로 옷걸이에 걸어놓지 않는 것, 가방에 넘쳐나는 영수증을 정리하지 않는 것, 거울을 닦지 않는 것, 구두굽을 갈지 않고 요란한 소리를 내며 걸어 다니는 것, 친구에게 일부러 바쁜 척하는 것, 다리를 꼬고 앉는 것……. 오늘부터 당장 실천해야 할 열 가지를 적어보았다. 아주 사소하고 단순한, 일상에 묻혀 있어서 티 나지 않는 그런 일들 몇 가지. 그렇게 적어놓고 보니 내가 그 사소한 것들조차 하지 못하고 지냈나 하는 생각에 스물아홉의 5월 하루가 이렇게 땀이 날 수 없다. 덕분에 내가 당장 그만두어야 할 것과 시작해야 할 것들을 추려낼 수 있었다. 항상 바쁘고 정신없던 하루가 정돈되지 않은 일상 때문이었던 것 같다.

   시간이란 게 죽 연결되어 있는 것처럼 보이지만, 가끔은 월요일, 1일, 1월…… 뚝뚝 끊어주면서 계획도 다시 세우고 점검도 해줘야 한다. 어느 날 새삼스럽게 시작하지 않는다면 이 일은 다음 매듭에서도 또 그다음 매듭에서도 할 수 없게 된다. 그러니 언제고 마음이 닿는 날에는 카페에 앉아서 다이어리를 펼쳐놓고 무엇이든 적어보자. 무엇이든. 한 달이 끝나가는 지점이라면 한 달 동안 내가 새로 배운 노래가 무엇인지, 몇 번이나 속상해서 울었는지, 가장 즐거웠던 만남은 누구와의 만남이었는지, 몇 권의 책을 읽었는지, 하늘과 나무를 몇 번이나 바라보았는지, 내가 새롭게 길들인 버릇은 무엇인지, 가장 많이 했던 말은 무엇인지, 성공적으로 해낸 요리는 무엇인지, 한 달을 형용사로 표현하면 어떤 단어를 쓸 수 있을지 적어보는 것도 좋다.

★······ SURPRISE

카페에서 빈둥빈둥

할 일 없이 카페에 혼자 앉아 있는 사람들을 보면 괜히 근사해 보였다. 혼자서 음악을 듣거나, 책을 읽거나, 가끔 고개를 들어 창밖을 바라보거나, 메모를 끼적거리거나, 커피 한 모금을 아주 느리게 빨아먹는 모습까지. 겉으로는 괜히 폼 잡는다며 입을 삐쭉거렸지만 나도 따라해 보고 싶었다. 그래서 나도 3층 카페에 자리 잡고 앉았다. 오늘은 책을 읽을 것도 아니고 누군가를 만날 것도 아니다. 그냥 할 일이 생각날 때까지 창가에 앉아 물끄러미 창밖을 바라보기로 했다. 검은색 셔츠를 입은 사람들에게만 레이더를 집중해 관찰해보고, 연인들을 바라보기도 하고, 길을 지나가는 사람들 중 남자가 많은지 여자가 많은지 세어보기도 했다. 남자 셋이 택시를 잡아탔다. '어디로 가는 거지?' 남자 친구가 열심히 페달을 밟고 그 뒤에는 여자 친구가 타고 있다. 그러다가 갑자기 여자가 남자의 뒤통수를 쳤다. '남자가 뭐라고 한 거지?' 일상의 풍경이 재밌었다. 같은 높이에서는 보이지 않던 것들이 조금 높은 카페에 자리 잡고 앉으니 모두 보였다. 도시 사람들의 일상을 관찰자의 시점에서 바라보니 많은 생각이 떠올랐다. 아무 생각 없이 멍하게 앉아 있는 것 같은 사람들의 마음 속에 이렇게 수많은 생각들이 깡충거리고 있는 것이다. 목표 없이 카페에 앉아 창밖 풍경을 아주 진지하게 관찰하는 것만으로도 피식 웃을 수 있는 일상의 여유를 찾게 된다. 가만히 멈춰 서서 정물화 같은 도시를 바라보는 것만으로도 마음속의 여백이 생긴다.

★⋯⋯ SURPRISE

혼자 가기 좋은 카페

언제부턴가 주말이 되면 갑자기 내 블로그의 방문자 수가 늘었다. 특정 콘셉트가 있거나 정보를 모아둔 것도 아닌데 평소의 열 배에 해당하는 방문자가 다녀갔다. 댓글도 남기지 않고 어떤 흔적도 남기지 않는 그들의 정체가 궁금하여 유입경로 플러그인을 설치하고 그들이 어떻게 내 블로그를 찾아오는지 관찰했다.

와플 하나에 몸 걸고 찾아가는 나만의 카페, 완전 사랑한다!

정답은 혼자 가는 카페에 있었다. 회사를 강남에서 홍대로 옮기면서 홍대 근처에 혼자 갈 만한 카페를 찾고 있다는 포스트를 올려두었는데, 그 내용이 '혼자 가기 좋은 카페'라는 키워드에 자꾸 걸려드는 것이었다. 내 블로그를 찾아오시는 분들께는 죄송한 마음이지만 혼자 가기 좋은 카페란 게 따로 없다. 만약 있다 하더라도 찾는 방법은 본인이 직접 돌아다녀보는 게 최고이다. 많이 다녀보고, 실패도 하고, 성공도 하면서 내가 좋아하는 카페의 모습을 그리고 리스트를 만들고, 그렇게 나만의 아지트를 만들어가는 것이다. 카페라는 것이 워낙 개인의 취향이 중요한 공간이고 나 좋자고 찾아가는 공간이니, 다른 사람의 취향에 맡겨두기에는 조금 억울하다.

처음에 혼자 가기가 머쓱하다면 찜해둔 카페에 친구와 같이 가서 혼자 가기 적합한지 마음속으로 체크해보는 것도 좋다. 테이블이 너무 크지 않은지, 오래 앉아 있어도 눈치는 안 보이는지, 식사를 대신할 만한 메뉴가 있는지, 담배 연기로 숨이 막히지는 않는지 등등. 아참, 가장 중요한 건 화장실의 위치를 알아두는 거다. 가방을 두고 화장실에 다녀와도 소지품을 분실할 위험이 없는지 확인하는 것은 혼자 카페에 가는 사람에게는 아주 중요한 문제니까.

나를 즐겁게 하는 것들

내가 무엇을 하고 있을 때 기분이 좋아지는지 알고 싶었다. 그래서 '나를 즐겁게 하는 것들'이라고 써 두고 그냥 생각나는 대로 적었다. 구체적이면 구체적인 대로, 두루뭉수리하면 두루뭉수리한 대로.

　비데가 있는 카페, 엘리자베스아덴바디크림, 바다가 보이는 산길, 꼭 맞는 신발, 여드름 가득한 남자 얼굴, 빠른 재즈 음악, 크래미&카스맥주, 새벽 2시의 귀가, 신혼집 구경, 이상은 13집, 아저씨 같은 오빠, 뻔한 거짓말, 가는 모 칫솔, 화를 잘 내지 않는 사람, 밥 먹자, 24시간의 자유, 혼자 타는 그네, 부재중 전화, 막판 뒤집기, 늦은 오전에 책 읽기, 나와의 대화, 분홍빛 청재킷, 자기 전 냉수 한 잔, 미국에서 걸려온 국제전화, 높은음자리표 모양의 볼펜, 그리스 산토리노의 해안 절벽 마을, 2002년 6월 홍대 앞, 주황색 야구모자, 오사쯔, 늘씬한 여자, 아톰 자석, 2652, 커플 자전거, 벚꽃 배경 아바타, 답변 메일, 쿠쿠하세요, 개구리 소년 왕눈이, 처음처럼, 술자리 라이브 노래 자랑, 다섯 글자 문자메시지, 떴다 비행기, 원숭이 인형, 세이 맞고, 여고생 피부, 엽기적인 그녀, 인라인 타고 만나는 바람, 비, 노란 소파, 라네즈 투명 오렌지, 7번국도 도보 여행, 굽 낮은 보라색 구두, 보고 싶어 맛있는 거 많이 사와, 미래소년 코난, 아를에 있는 고흐의 침실, 불판 위의 삼겹살, 길거리 퍼레이드, 뽀드득 소리, 붕어빵 천 원어치, 지구본, 공중 부양, 고맙습니다, 낙서 일기, 반바지 높이까지 올라오는 파도, 생크림 케이크, 포장마차 가스불의 흔들림, 1분 안마, 두 장짜리 CD.

　내 리스트는 계속 늘어난다. 언제든지 이것만 보면 기분이 좋아진다. 우울한 날엔 이것들을 펼쳐놓고 오늘 만난 것들을 형광펜으로 칠해본다. 힘들고 짜증스럽기만 했는데 오늘도 수십 번의 기분 좋은 만남이 있었구나. 조금 더 여유를 갖고 내일은 피식 웃을 수 있는 하루를 보내야겠다는 결심을 했다.

시간잠유, 혼자듣는 그녀, 나와의 대화,!

소년너하기, 홍대, 노란쇼파, 굽낮은 뾰, 떴다비행기, 쿠쿠하세요, 처음처럼, 분안마, 암중, 목욕탕 메밀이, 하이브리드, 와인타고 만나는 바람, 크로스갈색가죽백,

빠른재즈음악♪

2/20 아침이다 일어난다

NO CARE NO LOVE

Yes' 찰칵!

이상이 안노래 한쪽 쌩겨플

아파트 여드르개당

오늘은 나만의
뷰티풀데이

달래는 냉이와 한 짝을 이루면서도 냉이의 반대쪽에 있다. 똑같이 메마르고 거친 땅에서 태어났으나 냉이는 그 고난으로부터 평화의 덕성을 빨아들이고, 달래는 시련의 엑기스만을 모아서 독하고 뾰족한 창끝을 만들어낸다.
_김훈, 《자전거 여행》

비 오는 목요일 비원을 구경한 날,
우리 동네 도서관을 찾은 날,
미루고 미뤄오던 일을 해치운 날,
산낙지를 처음 먹어본 날,
결심만 하던 산을 드디어 정복한 날,
새벽 2시 친구와 소주를 먹은 날,

그날은 나만의 뷰티풀데이!

> 규칙은 딱 하나

오늘 하루의 표정을 결정지을
한 가지 사건을 만들 것

하루에도 표정이 있다. 누군가에게 칭찬을 받아 하늘을 날아갈듯이 기쁜 날이 있는가 하면, 사소한 일로 뚜껑 열리는 날이 있다. 오늘 하루 동안 일어났던 많은 일들이 모여 오늘의 표정을 결정한다. 혹은 어떤 사건 하나로 오늘의 표정이 결정되기도 한다. 어렸을 때 《탐구생활》에 날씨를 그리듯이 오늘의 기분을 표정으로 표현해 그려놓으면서 혼자 웃었던 적도 있다.

   요즘 내 하루에는 표정이 없다. 증명사진을 찍듯 무표정한 날들로 채워져 있다. 도저히 무슨 표정으로 나타내야 할지 모르겠다. 특별한 일도 없이, 새로운 일도 없이, 그렇다고 슬프거나 힘든 일도 없이……. 기억할 만한 일 없이 그렇게 시간이 흐르고 있다. 내 일상에는 아무것도 없다. 슬픈 하루보다 더 힘 빠지는 것은 이렇게 아무것도 없는 날이다. 이런 날들의 반복은 나를 무기력의 세계로 이끈다. 모든 일을 해도 그만, 안 해도 그만의 상태에 머물게 한다. 아무런 의미 없이 회전하는 쳇바퀴, 나의 하루가 그것과 닮아 있다. 어떻게 해서든 이 상황을 탈출해야 한다.

   나의 하루에 폭죽이 필요하다. 가끔 폭탄이 되어 터지더라도 살아 있음을 느끼게 할 새로운 공기가 필요하다. 특이하거나 특별하거나 슬프거나 기쁘거나 감동적인 뉴스가 필요하다. 환호하고 박수치고 감탄할 일들이 필요하다. 기상·출근-근무-퇴근-취침이라는 지루한 반복으로 간단하게 정리되던 하루 속에 낯선 움직임, 낯선 떨림을 줄 수 있는 일이면 어떤 것이든 좋다. 특별함이라는 활기는 내 힘이 다 떨어졌거나 누군가의 위로가 필요하거나 하루가 지루하다고 느껴질 때 필요한 게 아니라 언제든 불쑥 찾아왔을 때 가슴을 붕 뜨게 하는 기분 좋은 공기니까.

일 년이라는 시간 동안 똑같은 하루가 365번 반복되도록 두지는 말아야겠다. 오늘 하루를 기억할 만한 일들이 필요하다. 내가 일 년을 미치지 않고 살아갈 수 있는 것은 중간 중간에 끼어 있는 스페셜한 날들 때문이다. 한번도 입어보지 않은 파란 원피스를 걸쳐보는 것, 마음이 이끄는 대로 움직여보는 것, 정말 꼴 보기 싫은 직장 동료와 점심을 먹자고 마음먹어보는 것, 하이힐을 신고 외출해보는 것, 마음만 있고 시간이 없다는 핑계로 못 만나던 친구를 찾아가보는 것, 혼자 떠나보는 것, 마트에서 내가 먹고 싶은 과일을 사보는 것, 토요일에는 하루 종일 책만 읽는 것, 열흘 동안 미루고 미루던 장문의 업무 메일을 해치우는 것, 유모차를 끌고 산책을 가는 것, 동네 놀이터에서 그네를 타보는 것, 문구점에서 맘에 드는 볼펜 하나를 사보는 것. 오늘의 표정을 결정지을 수 있는 일이라면 어떤 것이든 좋다. 이렇게 사소한 일들로 내 가슴이 탁 풀리는 이유는 그보다 더 사소한 일들에 꽁꽁 묶여 쳇바퀴 안에 던져져 있었기 때문이리라.

일 년이라는 시간 동안 똑같은 하루가 365번 반복되도록 두지는 말자!

오늘은 시작하기 좋은 날

나는 매월 마지막 토요일에는 새로운 일을 시작한다. 무언가를 시작한다고 해서 다음 달까지 이어지지는 않는다. 대부분은 오늘 하루로 끝인 일들이다. 해보지 않았던 새로운 일을 하는 날 정도로 생각해주면 좋겠다. 그냥 시작만으로도 의미 있는 일들을 한다. 동네 도서관을 찾아가보는 일, 가까운 낮은 산을 오르는 일, 하루 동안 짧은 여행을 다녀오는 일, 초등학교 운동장을 달려보는 일, 공연 티켓을 사놓고 친구에게 공연을 보러 가자고 졸라대는 일, 하루에 책 한 권을 읽는 일……. 모두가 시작만으로도 의미 있는 일들이다. 운동도 몸이 좋아지기 위해서는 규칙적으로 매일 해야 한다. 책도 무언가 얻기 위해서라면 날마다 15분씩 읽는 쪽이 좋다. 하지만 시작하기 좋은 날에는 시작만 해도 좋다. 산 하나를 올랐다는 것만으로도, 한 달에 책 한 권을 읽었다는 것만으로도, 한 달에 여행을 한 번 다녀왔다는 것만으로도, 일 년 중 어느 하루를 초등학교 때의 그 마음으로 잠시 살아봤다는 것만으로도 충분히 의미 있기 때문이다. 그러니까 피곤을 주렁주렁 달고 있는, 거울 속 얼굴을 보며 '오늘은 하루 종일 꼼짝 말고 쉬어야지'라고 생각하다가도, 설거지를 하다가도, 세수를 하다가도, 우유를 사러 슈퍼에 가다가도, 생각나는 일이 있으면 바로 시작하는 거다. 무작정. 매월 마지막 토요일에는.

SURPRISE

전력질주 타임

매주 월요일 직장인의 아침은 피곤하기도 하지만 그만큼 새로운 계획과 다짐으로 활기차기도 하다. 이때 해야 할 일을 마음속으로 챙겨본 뒤, 가장 집중해야 할 일과 반드시 처리해야 할 일을 정리해놓는다. 나는 여기에 하나의 계획을 추가한다. 전력질주 타임을 만드는 것이다. 보통은 화요일 오후 3시부터 5시 사이지만 꼭 정해진 것은 아니다. 그때그때 마음 내키는 대로 두 시간 정도를 정해둔다. 그동안 미뤄놓았던 일이나 하기 싫지만 꼭 해야 하는 일을 이 시간에 처리한다. 이 시간에는 가급적이면 미팅도 잡지 않는다. 그 시간이 되기 전에 미리 화장실에도 다녀오고 커피도 마셔둔다. 초등학생들의 집중 가능 시간은 최대 40분, 중학생들의 집중 가능 시간은 45분, 고등학생들의 집중 가능 시간은 50분, 직장인의 집중 가능 시간은 두 시간이다. 한 시간에 한 번씩은 일어나 허리도 펴고 어깨도 돌려주라고 하지만, 전력질주 타임에는 예외이다. 일주일에 하루는 두 시간 동안 완전 집중 모드로 업무를 해치운다. 이 시간의 집중 여부가 일주일의 업무 효율을 결정한다. 기록을 경신하기 위해 전력을 다해 달려가는 사람처럼 온 힘을 다해 업무를 처리한다. 이 시간에 완전히 집중하다 보면 내가 생각보다 훨씬 많은 일을 처리할 수 있다는 사실에 놀라게 된다.

아가씨, 여관에 가다

일상의 너절하고 번다한 잡동사니가 없는 곳, 어떤 기억이나 감정을 불러일으키는 사물이 없는 공간, 사는 데 필요한 것이 그리 많지 않다는 사실을 일깨워주었던 방.
_김형경,《사람 풍경》

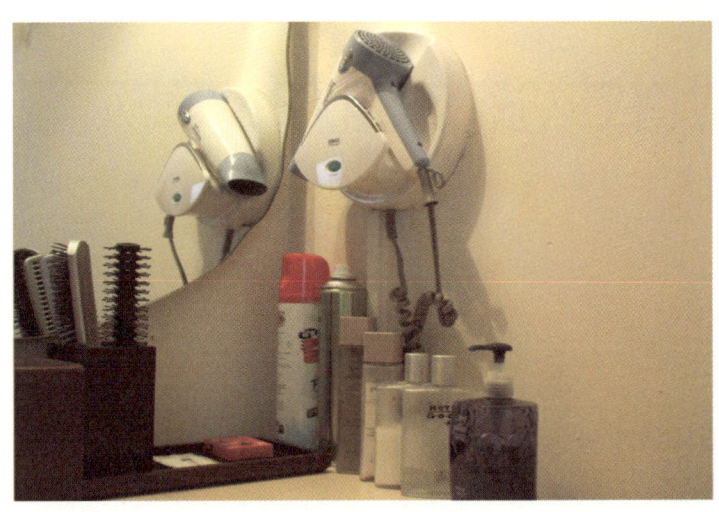

아가씨 혼자서 여관엔 왜 가냐구요?
그야 아가씨가 아저씨랑 같이 여관에 들어가면 발랑 까져 보이기 때문이죠.

혼자서 여관에 들어선다고 이상하게 보진 마세요.
그냥 자유가 필요해서 온 것뿐이니까요.
이 안에서 자유 한 사발을 벌컥벌컥 들이켜고
내일 이곳에 다시 서는 아가씨는
지금보다 훨씬 더 밝아진 표정일 거예요.

여관이란 그런 곳이거든요!

자발적인 단순한 삶을 꿈꿀 것

말짱한 아가씨가 토요일 오후에 혼자서 여관에 들어서는 보기 드문 장면은 '어쩔 수 없음'에서 출발했다. 언니와 형부, 그리고 나는 방 두 칸짜리 빌라에 산다. 우리 집에 손님이 찾아오던 날, "내 방에서 주무시라고 해. 난 여관이나 찜질방에서 자면 돼." 별 생각 없이 내뱉었던 말에, "미쳤어. 여자 혼자서 찜질방엔, 여관엔 왜 가냐?"라는 언니의 과도한 반응에 호기심이 발동했다. 어? 재밌겠는데!

친구 집에서 자고 온다고 말한 후 집을 나서 근처 여관으로 향했다. 친구 집에 간다고 나왔으니 챙긴 물건이라곤 달랑 칫솔과 책 한 권. 그저 친구 집에 가는 기분으로 하루를 살 수 있는 곳이라면 충분히 매력적이었다. 여관이란 그저 여행지에서 적당한 잠자리를 찾기 위해 기웃거리는 정도의 공간이라 생각했다. 이렇게 가까운 일상의 공간에서 여관을 찾게 되리라곤 생각하지 못했다.

3만 원을 내고 세 평 남짓의 공간과 내일 정오까지의 자유를 구입했다. 그때까지만 해도 몰랐다. 아무런 소유가 존재하지 않는 시공간에서의 자유라는 게 이토록 짜릿하고 즐거운 일이라는 것을. 단절된 임시적인 공간이 주는 편안함은 기대 이상이다. 맘껏 놀다가 정리하지 않은 채 버려두고 가도 되는 임시적인 공간, 내 몫으로 챙겨야 할 물건이 없는 공간, 내가 지켜야 하는 의무도, 규칙도 없는 자유로운 공간. 아무리 어질러놓아도 내 것이 아니기에 모두 놓아둔 채 다시 떠날 수 있다. 여관에 있을 때도, 그곳을 떠나올 때도 나는 진짜 자유를 느낀다. 내 물건이 아니기에 모든 것으로부터 자유로워지는 순간. 여관에서 보내는 24시간이다.

몸에 안 좋은 자장면을 시켜 먹을 수 있고, 세수 안 하고 이불 속에 들어갈 수도 있고, 밤새 만화책을 볼 수 있고, m.net 채널을 틀어놓은 채 잠들 수 있고, 이불 속에서 떡볶이를 먹을 수 있고, 컨디션이 안 좋은 날에는 샤워기를 틀어놓은 채 떨어지는 물줄기 속에 서 있을 수도 있고, 문을 열어놓은 채 볼일을 볼 수 있고, '므흣'한 제목의 비디오를 볼 수 있고, 불을 끄지 않고 잠들어도 전기 요금에 대한 부담이 없고, 몸에 팬티 한 장만 걸친 채 침대에서부터 화장실까지 걸어갈 수 있다.

마음만 먹으면 우리의 일상이 얼마나 단순해질 수 있는지, 삶에서 지켜야 한다고 나를 옭아매던 규칙들이 얼마나 사소한 것인지 알 수 있다. 여행처럼 번잡한 준비 없이도, 주머니에 달랑 3만 원만 넣고 출발하면 된다. 준비가 너무 길고 장황해 곧 지쳐버리게 되는 여행에 대해 잠시 생각했다. 나를 위한다는 이유로 나를 힘들게 하지는 말아야겠다는 결심도 했다. 이렇게 호들갑스런 자유의 징표는 어이없게도 딸랑 여관방 열쇠 하나이다. 자유란 이렇게 쉽게 손에 쥘 수 있는 것이었다.

첫째 날 아줌마가 "쉬어 가실 건가요? 자고 가실 건가요?"라고 물을 땐 "자고 갈 겁니다!"라고 대답하면 되고, 둘째 날 여관에서 나올 때 눈부신 햇살에는 그냥 윙크 한번 해주면 된다. 이게 당신이 1박 2일 자유의 대가로 치러야 할 용기의 전부이다. 하지 않을 이유가 없지 않은가. 아줌마, 여기 자유 3만 원어치 추가요!

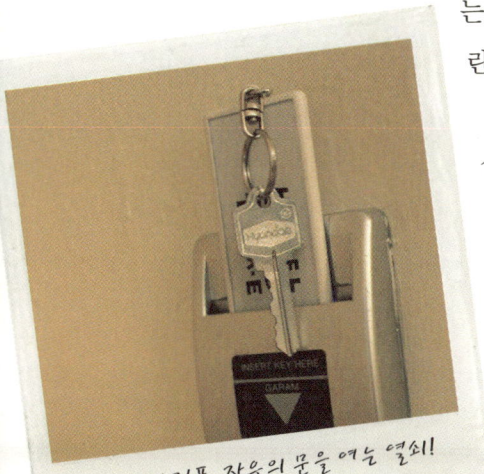
내 자유의 징표, 자유의 문을 여는 열쇠!

집중집중집중이 필요해

학창 시절 공부하라고 할 때에는 죽어라고 안 하더니 이제 어른이 되어서야 여기저기 기웃거리며 공부한답시고 폼을 잡는다. 책읽기 모임도 있고, 글쓰기 모임도 있고. 사람들과 몰려다니면서 서로 숙제를 내주고 토론도 한다. 일주일에 책 한두 권씩은 읽어야 한다. 이번 주에는 690페이지짜리 책이다. 베고 누우면 딱 좋을 두께의 베개 책을 읽고 리뷰를 작성해야 한다. 근데 아직 200페이지 언저리에서 헤매고 있다. 이번 주말엔 무슨 일이 있어도 책읽기를 끝내고 리뷰를 정리해야 한다. 청소와 같은 일상적인 움직임도 최소화해야 한다. 아무런 방해를 받지 않고 책읽기에 집중할 수 있는 공간이 필요하다. 여관으로 갔다. 책값보다 훨씬 비싼 3만 원을 내고 자유의 공간으로, 자유의 시간으로 입장한다. 짜잔! 여관에 들어서면 그곳에 존재하는 모든 것으로부터 자유롭다. 방바닥의 먼지에 대해서도 어질러진 욕실에 대해서도 나는 책임지지 않아도 된다. 아무것도 아닌 일처럼 보이는 일상들을 말끔하게 운영하기 위해 나는 그동안 얼마나 많은 에너지를 쏟아야 했던가. 일상에 누적된 잡다한 습관과 그 모든 책임으로부터 자유로운 나는 모든 에너지를 책을 읽고 리뷰를 정리하는 데 쏟을 수 있다. 어질러진 방과 지저분한 이불에 대한 사소한 책임으로부터 탈출할 수 있다. 내가 살아가는 데 필요한 건 숨 쉬기 위한 공기뿐이라는 것에 매순간 감동하며 책읽기에 집중했다. 일부러 어질러놓을 필요는 없지만, 모든 것을 어질러진 그대로 두고 나와도 되는 곳에서 나는 아주 임시적인 자유를 얻는다. 아무런 책임도, 번잡스러움도 느끼지 않는다. 나를 위한 모든 것이 존재하지만 아무런 책임이 존재하지 않는 공간이다. 세상으로부터 고립된 바로 그 공간에 나를 가둬놓는 것 또한 자유일 수 있다는 것, 여관에서 얻은 꽤나 근사한 철학적 깨달음이다.

★······ SURPRISE

여관에는 없는 풍경

여관을 몇 번 다니다 보니 여러 가지 노하우와 함께 그만큼의 궁금증도 생겼다. 이 질문들은 누구에게 이야기하기도 참 그래서 그냥 혼자 속으로 생각하며 큭큭 웃게 된다. 두고두고 나의 관심거리로만 남을 연구 대상이다.

    첫 번째 질문은, 여관에는 낙서가 없다는 것. 왜 그럴까? 떡볶이 집에 가든, 등대에 가든, 대나무 밭에 가든 우리 둘이 여기를 다녀갔노라는 징표를 꼭 새기기 마련인데, 커플들이 주요 고객일 법한 여관에는 그런 흔적이 없다. "민이, 진이 2006년 9월에 다녀감"이라고 하나쯤은 있을 만한데, 정말 거짓말처럼 하나도 없다. 혹시, 어딘가 낙서가 잔뜩 있는데 나만 못 찾는 게 아닌가 싶을 정도이다. 내 숨은 그림 찾기 실력이 부족한 것은 아닌지, 혼자 생각해본다.

    두 번째 질문은, 여관에는 풍경이 없다는 것. 창밖으로 보이는 풍경이라곤 옆 건물 벽이 대부분이다. 어떤 정신분석학자의 심리학 서적에서 "서로의 몸에 달아올라 여관까지 홀리듯 들어온 연인은 창밖을 볼 여유가 없다"는 답을 찾긴 했는데 그게 전부일까. 그저 나처럼 저 혼자 자유에 취하고 싶어 여관을 찾는 사람이나 창밖 풍경 타령을 하는 것인지, 정말 이유가 그것인지, 나는 궁금하고 또 궁금하다.

    여관에 다녀보시고 어쩌다 "아차!" 하고 정답을 찾게 되면 저에게 메일로 연락 좀 주세요. 그리고 또한 다양한 연구거리를 접수받습니다. 같이 공유하면서 재미있게 밝혀내보자구요. 킥킥.

여관에서 만나는 므훗한 비디오들

유선이니 케이블이니 비디오가 아니어도 흥미로운 영상들을 볼 수 있는 기회가 많긴 하지만, '므훗한' 영화는 묵직한 비디오테이프로 봐야 진짜 같다. 좀 늘어지고 지글거리는 화면도 가끔 나오는 맛이 있어야 한다. 요즘은 비디오가 있는 여관이 많지 않지만, 어쩌다 동네 여관을 찾았을 때 비디오가 있으면 하나씩 꼭 챙겨 본다. 비디오 진열대 앞에서 몸은 몇 편 안 되는 액션 쪽을 향해 섰지만, 눈은 멜로 쪽을 향한다. 아무도 없는데 혼자 괜히 민망하다. 몇 가지 궁금한 듯이 빼내 보기도 했다. 비디오를 보는 것보다 비디오 제목을 죽 훑어보는 게 더 재미있다. 어쩜 이런 센스 만점인 제목들이 많은 건지. 이쪽으로 머리 쓰는 것을 조금만 돌려서 유전학을 연구한다면 이미 우리나라에는 아주 훌륭한 종자들이 많아졌을 것이다. 오늘 발견한 비디오는 〈박하사탕〉의 패러디로 보이는 〈박하사랑〉. 뭔가 의미심장하고 뜻 깊은 영화일 것 같은데, 사실은 "'박하사'랑 모모 여성이 모모 관계이다"라는 스토리의 이야기이다. 나 혼자서 손뼉을 치며 웃었다.

므흣한 스토리의 비디오는 누구에게나 항상 관심의 대상이다. 보기 전에는 무엇이 들어 있는지 너무너무 궁금하지만 정작 보고 나면 별거 없네 하면서 실망하게 되는 것. 그런데도 새로 나온 영화를 보지 않으면 섭섭하다. 어우야아, 어떻게 그런 걸 보냐. 이렇게 말하는 사람들도 마음은 똑같다. 나도 그랬으니까. 예전에 영화의 반 이상이 야한 장면이라는 짧은 평에 이끌려 〈거짓말〉이라는 비디오를 빌려 봤다. 그걸 반납하러 갔는데 비디오가게 아주머니가 "〈노랑머리〉는 봤어?" 하면서 또 다른 살색 영화를 추천해주셨다. 아, 예, 아직요. 못 이기는 척 빨간 등급 비디오테이프를 들고 집에 돌아오는데 웃음이 났다. 〈노랑머리〉를 반납하러 갔을 때, 아주머니는 한 수 위인 〈가오리〉를 추천해주셨다. 제목만 봐도 알 수 없는 포스가 느껴지는 이 비디오는 스토리 없이 산속에서든 어디서든 바닥만 보이면 여자가 드러눕고 남자가 덮치는, 그런 내용이었다. 나중에는 흥미진진해야 할 장면들이 지루할 지경이었다. '아, 그 비디오가게에는 내가 이런 사람으로 기록되어 있구나.' 이런 생각이 들어 〈가오리〉를 무인 비디오 반납기로 반납한 후 다시는 그 비디오가게에 가지 않았다.

그후로 므흣한 비디오 보기는 한동안 중단되었다. 그러다가 여관에 가끔 혼자 찾아가 놀 때마다 하나씩 다시 꺼내 보기 시작했다. 내가 빌렸다는 이력도 남지 않고, 내가 봤다는 증거도 없으며, 반납할 때 얼굴 붉히며 도망치듯 뛰어나오지 않아도 되기 때문에 예전의 불편함이 어느 정도 해소된 셈이다. 비디오를 보기 위해 일부러 혼자서 여관방을 찾는 사람은 없겠지만, 언제고 혼자 여관방을 찾게 된다면 므흣한 비디오를 하나씩 챙겨볼 것을 권한다. 아무런 이력을 남기지 않고 편리하게 대여할 수 있으니까. 크크.

오늘이
가기 전에
해야 할
일들

때로는 엄마가 무슨 생각을 하는 것인지 알 수가 없다. 내가 너무 어린 탓이 아니라 엄마가 나이를 너무 먹은 탓이라고 생각한다. 이 둘은 똑같지 않다. 전혀 다른 차원이다. 무언가를 이해하기에 아직 어리다면 언젠가는 이해할 때가 온다. 하지만 무언가를 이해하기에 너무 늦었다면, 그 사람은 영원히 그것을 이해할 수 없다. 그것은 아주 슬픈 일이다. 아주 아주 슬픈 일이다.
_에쿠니 가오리, 《언젠가 기억에서 사라진다 해도》

햇살 좋게 말라가는 빨래들.
시간이 지나 바짝 말라버리기 전에
빨래는 무얼 할 수 있을까?

스무 살보다 늙고, 마흔 살보다 젊은, 서른 살.
서 른 살 이 다 지 나 가 기 전 에

나는 무엇을 해야 할까?

더 재미나게, 더 유치하게,
더 신나게, 그리고 더 열심히!

미니스커트를 입었더니 친구들의 구박이 이만저만이 아니다. 네 나이를 알아라, 우리가 지금 이럴 나이는 아니지 않느냐에서부터 시작해서 서른 살이 되더니 아주 발악을 하는구나에 이르기까지. 물론, 내 다리가 보기 싫을 만큼 굵거나 휜 것은 아니다. 나이에 맞는 옷차림이냐의 문제였다. 나는 미니스커트를 입기에 적당한 나이에 대해 생각해봤다.

사람들이 흔히 미니스커트를 입기에 적당한 나이라고 생각하는 대학생 때는 미니스커트가 이렇게 예쁘고 깜찍한 줄을 알지 못했다. 남색 면바지에 면티 한 장 걸치는 것이 가장 편하고 성의 있는 옷차림이었다. 옷맵시나 꾸미기에 관심을 갖지 못하고 20대를 보냈다. 그리고 이제 옷차림에 관심을 가지려고 하니 미니스커트 차림이 사회적으로 용인되지 않는 나이가 되어버렸다. 미니스커트 한 장에 완전 늙은이 취급을 받게 생겼다.

그렇다면 나는 평생 미니스커트를 입어보지 못하는 걸까? 때를 놓친 일들을 평생 해보지 못하는 일들로 남겨둬야 할까? 내게 미니스커트 입기에 적당한 나이는 돌아오지 않을 텐데, 미니스커트를 입은 아가씨의 산뜻하고 발랄한 느낌을 평생 이해할 수 없는 느낌으로 남겨둬야 할까? 나는 그렇지 않다고 생각한다. 그럴수록 더욱 서둘러 그 일을 해봐야 한다. 나이쯤이야 마음먹기에 따라서 아이

들이 고무줄을 뛰어넘듯이 갔다 왔다 할 수 있는 것이다. 서른 살에 미니스커트를 입는다고 해서 돈이 더 드는 것도 아니고, 내 목숨이 똑 끊기는 것도 아니고, 경찰서에 잡혀가는 것도 아닌데 내가 못할 이유가 없다. 30대 출입금지 바리케이드를 치고 있는 것도 아닌데 해서는 안 되는 일이 왜 그리 많았는지. 때를 놓쳤다고 그 일을 망설인다면 평생 그 일은 해볼 수 없는 일이 된다. 지금 늦었다 생각된다면 더 늦기 전에 해야 한다.

모든 경험에는 적절한 때라는 것이 있다. 만취 상태로 전철에 오르는 것도 20대에 하면 젊음이요, 40대에 하면 민폐이다. 짧은 미니스커트를 입는 것도 20대 아가씨가 하면 아름다움이요, 30대 아가씨가 하면 발악이다. 친구들과 재잘거리며 걸어가는 것도 고등학생들이 하면 발랄함이요, 50대 아줌마들이 하면 주책이다. 하지만, 민폐라도, 발악이라도, 주책이라도, 망설이고 안 하는 것보다는 낫다. 그 경험을 못하고 평생 사는 것보다 낫다. 경험의 부재가 위험한 이유는 술 마시고 전철을 타는 대학생을, 미니스커트 입는 젊은 아가씨를, 재잘거리는 여학생을 평생 이해할 수 없게 되어서이다. 내가 경험하지 않은 일은 이해할 수 없다. 그러니 어울리지 않는 나이라도 기회가 된다면 꼭 경험해볼 일이다.

선택은 자유이다. 때를 놓친 일을 하지 않고 평생 둘 것인가, 늦었지만 지금이라도 시작할 것인가. 확실한 것은 한번 시기를 놓쳤다면 다시는 그 일을 하기에 적절한 때를 만나지 못한다는 것이다. 그러니 나는 늦을수록 서두르는 쪽을 택했다. 무슨 일을 하는데 얼굴의 주름살이나 뱃살 따위가 결정권을 갖게 둘 수는 없지 않은가. 나이에게 지지 말자!

경험의 검색창을 넓혀라

점심을 먹다가 술에 대한 얘기가 나왔다. 새벽 2시까지 사케, 맥주, 소주를 돌아 다시 맥주, 사케로 이어지는 술자리 이야기부터 시작해서, 술만 마시면 흔들거리는 자기를 보며 "가만히, 가만히, 내 몸 가만히"를 외치는 술버릇까지 술과 관련된 온갖 이야기가 쏟아져 나왔다. 나도 몇 개의 일화를 꺼내들고 즐겁게 점심을 먹었다. 오후 시간에 잠깐 졸다가 오늘 점심시간 대화가 다시 생각났다. 그러고 보니 내가 경험한 술이라는 게 너무도 빈약했다. 고작 먹어본 술의 종류가 소주, 맥주, 막걸리, 와인 정도이다. 위스키, 보드카, 브랜디…… 이름을 알지 못하는 술까지 얼마나 많은 종류가 있는데 항상 마시던 것만 즐겨 마시고 있었다. 새로운 것에 대한 두려움으로 내 경험은 풍성해지지 못했다. 경험 검색창에 술을 검색하고 최근순으로 정리해보면 대학생 때 수준을 벗어나지 못한다. 내 경험DB는 스무 살 초반에서 업데이트를 멈췄다. 생각해보니 어떤 주제를 두고 내 경험을 이야기해도 새로움이 없다. 새로움을 경험할 기회는 점점 많아졌는데, 제대로 누리지 못했다. 경제적으로도 훨씬 여유로워졌는데도 내 경험은 풍부해지지

★······ SURPRISE

않았다. 주제를 정해두고 내 경험DB를 업데이트해야겠다. 술도, 커피도, 사람도, 책도, 옷도, 머리도, 다양한 종류를 경험해봐야겠다. 지금 시도해보지 않은 일들은 영원히 경험할 수 없는 일들로 남을지도 모른다. 했던 것의 반복이 아닌 새로움으로 업데이트되는 사람이 되어야지. 주기적으로 내 경험 검색창에 키워드를 입력해놓고 살펴봐야지. 나이가 들수록 경험 검색창이 풍부해지는 사람이 되자고 결심했다.

내게 주고 싶은 선물들

올 여름 나에게 선물을 하나 사주고 싶었다. 백화점을 돌다가 선글라스 하나를 사 들고 왔다. 검은색 뿔테에 단순한 디자인이 아주 맘에 든다. 그보다 나를 위해 뭔가를 샀다는 뿌듯함이 컸다. 그러고 보니 그럴듯한 선글라스 하나도 사주지 못했다. 일 년에 하나씩만 샀어도 열 벌을 넘게 샀을 원피스도 하나 없다. 매번 나를 위한다고 말만 했지, 제대로 된 것 하나 해준 적이 없다. 아무도 나를 예뻐해주지 않는 것 같은 날, 얼굴 주름보다 마음의 주름이 더 자글거리는 날. 나를 위해 선물을 해야겠다. 멋진 구두를 사주는 것도 좋고, 아주 맛있는 음식점에서 요리를 먹어보는 것도 좋고, 비싼 공연을 혼자 보러가는 것도 좋겠다. 언젠가 말로만 들었던 부산의 롯데 호텔에 들어가 데킬라를 시켜놓고 창밖의 해운대 바다를 바라보자는 계획도 현실화시켜야겠다.

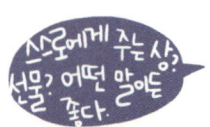

센치해도 괜찮아

확실히 나이가 들었다. 한 살이라도 어려 보이고 싶어 하고, 예의상 그런다는 걸 뻔히 알면서도 나를 나이보다 두세 살쯤 낮춰 봐주는 사람이 고맙다. 머리를 생머리로 단장하고 앞머리를 짧게 잘라낸 것도 어려 보이고 싶어서이다. 동안의 조건이라는 신문기사에 눈길이 간다. 더 이상 우겨볼 수도 없는 꽉 찬 서른 살. 다른 사람이 나이 들었다고 할 때보다 스스로 해야 할 일과 하지 말아야 할 일들을 구분하고 있을 때 나이 들었음을 느낀다. 하지만 앞으로는 그 선을 내 맘대로 넘나들기로 했다. 센치해지는 일은 어느 나이에나 할 수 있는 일이니까. 베토벤의 교향곡 중 좋아하는 악장만 크게 틀어놓고 방에 드러누워 있는 일, 낮술을 먹어보는 일, 비 오는 날 정처 없이 걸어보는 일, 그러다가 살짝 젖은 벤치에 누워보는 일. 각질이 두터운 서른 살의 내면에 촉촉한 감성을 드러내는 일을 망설이지 말아야겠다. 눈동자를 굴리며 계산하고 따지는 대신 가슴 속에서 일어나는 짜릿한 이벤트들을 실행해볼 것이다. 이런 감성적이고 충동적인 모습은 곧 원래의 이성적인 모습으로 돌아가겠지만, 두고두고 즐거운 추억이 될 수 있을 것이다.

★ ...... SURPRISE

쉬운 일도 어렵게

노르웨이 어부들은 바다에서 잡은 정어리를 저장하는 탱크 속에 반드시 천적인 메기를 넣는 것이 관습이라고 합니다. 천적을 만난 불편함이 정어리를 살아 있게 한다는 것이지요.
_신영복, 《강의》

모든 일이 척척 진행되고 있다.
아무런 일 없이 일상이 흘러가고 있다.

브레이크 없이 흘러가는 이런 일상이 두렵다.
의도적인 매듭을 만들어놓고 혼자서 낑낑거린다.

매끄럽게 모든 일을 해결하는 만능 슈퍼맨도
가끔은 이런 일탈을 꿈꾸지 않을까?

 규칙은 딱 하나

아무 일도 아닌데 물고 늘어질 것

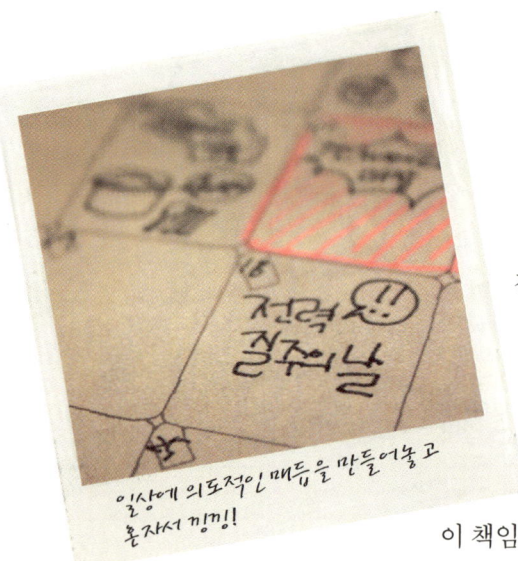

일상에 의도적인 매듭을 만들어놓고 혼자서 낑낑!

잘 편집된 잡지를 읽는 것처럼 하루가 훌렁훌렁 잘 넘어간다. 요즘 내 일상에는 거칠 것이 없다. 편리한 생활을 위해 많은 것들이 알아서 움직여주는 덕분이다. 아침 알람은 자명종이 책임져준다. 출근 시간은 칼같이 움직이는 지하철에 맡기고, 친한 친구의 생일과 전화번호는 핸드폰에 모두 저장되어 있으니 따로 기억하지 않아도 된다. 모든 것이 정확한 시스템을 갖춘 기계처럼 딱딱 맞아떨어진다.

이 '별일 없음'이 갑자기 두려워졌다. 내가 특별히 노력하지 않아도 모든 것이 아무 일 없이 잘 굴러가는 게 정상은 아니다. 내 의지나 노력 없이도 잘 굴러간다는 건, 무슨 일이 생겨도 내 의지로는 어찌할 도리가 없다는 뜻이다. 내 목숨을 이어가는 데 내가 기여할 수 있는 일이 아무것도 없다니. 내 목숨이 끊길 상황에서도 내가 할 수 있는 일이 아무것도 없다니. 말이 안 된다. 나는 가만 두어도 잘 굴러가는 거대한 시스템 속의 나사 하나가 되어버렸다. 내 편리한 생활이 누군가 돌려주는 쳇바퀴 안으로 던져진 덕분이라는 생각을 하니 정신이 번쩍 들었다. 모든 게 그저 남들 하듯이, 해오던 대로, 편하게, 편하게만을 모토로 살아가던 내 잘못이다.

내 일상만큼은 내 힘으로 굴려가고 싶다. 내가 무슨 일을 하고 있는지 정확히 알고 하나 하나 내 의지대로 움직여야겠다. 기계가 대신 해주던 일도 나에게 다시 기회를 주고, 아무 생각 없이 습관적으로 반복하던 일도 의식의 영역으로 끌어와야겠다. 핸드폰 저장 기능에 맡겨두었던 친구의 전화번호도 내 기억 안으로 가져오고, 노래방 기기에 의지했던 노래 가사도 직접 외워보고, 컴퓨터로 만들던 문서도 손 글씨로 직접 작성해보아야겠다. 아무 생각 없이 하던 일들을 하나하나 끄집어내 지금 내가 무슨 일을 하고 있는지, 제대로 하고 있는지 짚고 넘어가야겠다. 저절로 돌아가던 일에 의도적인 매듭을 만들고, 그걸 풀기 위해 낑낑거리는 나의 생쇼를 지켜볼 참이다. 조금 힘이 들더라도, 불편하더라도, 시간이 걸리더라도 나에게 기회를 주기로 했다. 내 일상에서 '아무 생각 없이 편한 대로'를 허락하지 않겠다.

편리하다는 이유로 취했던 것들을 조금씩 버려야겠다. 나를 어려움 속으로 몰아넣어야겠다. 그것만이 죽어버렸던 나의 힘을 되살려내는 길이다. 모든 것을 정상적으로 움직이기 위해서는 나의 작은 힘이 필요하다는 사실을 나에게 자꾸 알려줘야겠다. 편리하게 기계에 의지하던 기능들을 포기하고 보니 내게도 비슷한 능력이 있음을 깨닫게 되었다. 늘 하던 대로만 반복하던 습관을 돌아보니 내가 지금껏 의식하지 못한 채 한쪽으로 기울어진 일상을 살아왔음을 깨닫게 되었다. 굴러가는 대로 맡겨진 쳇바퀴 안의 일상이 얼마나 위험한지도 깨닫게 되었다. 편안함 속에 망각되어 있던 나의 능력을 깨워야 한다. 그렇게 깨어난 것들로 내 일상을 굴려야 한다. 일상이 아무 일 없이 잘 굴러가도록 동분서주하고 있는 내 안의 소박한 파워들을 하나 하나 느껴야 한다. 비로소 평범한 내 일상이 아주 사랑스러워진다.

왼손에게 기회를

내 인생이 짝짝이가 되어가는 것 같다. 오른손잡이인 나는 모든 게 오른손 위주이다. 왼손은 어쩌다 바쁜 오른손을 대신할 뿐, 있으나 마나 한 존재이다. 그런 왼손이 가엾기도 하고, 동분서주 바쁜 오른손이 안타깝기도 하다. 이왕 데리고 살아야 하는 나의 왼손, 앞으로 적극적으로 키워보기로 했다. 가장 먼저 왼손으로 문을 열고 전화를 받기 시작했다. 그다음 양치질을 통해 본격적인 왼손 교육을 시작했다. 아직은 서툴러서 어금니 안쪽이 잘 닦이지 않거나 잇몸을 칫솔로 찌르는 실수를 하기도 한다. 오늘은 왼손으로 밥 먹는 걸 연습했다. 숟가락은 왼손, 젓가락은 오른손. 그렇게 밥을 다 먹고 보니 턱에 구멍이라도 난 것처럼 밥풀이 어지럽게 떨어져 있다. 하지만 내일도 계속계속 시켜야지. 기초화장도 왼손으로 하고, 물도 왼손으로 마시고, 머리도 왼손으로 빗고, 샤워할 때 비누 거품도 왼손으로 문지른다. ctrl+c, ctrl+v 정도는 원래 왼손이 했으니까 앞으로도 잘하리라 믿는다. 급하지 않은 메모는 왼손에게 부탁한다. 낑낑대면서 힘겹게 옮겨가지만 기어이 비슷한 모양으로 다 해내고 만다. 그동안 내 왼손을 죽여 놓은 것은 내 인내심이 부족해서였음을 이젠 알겠다. 익숙한 것만 좋아하고, 해온 것만 반복하려던 것을 바꿔야겠다. 내 안의 굳은 근육들을 꺼내 꾸준히 운동시켜 내 몸의 균형을 맞추어가야겠다.

후들후들 흔들리는 왼손, 아장아장 기어가는 왼손글씨~.

★······ SURPRISE

기억력에 딴지를 걸다

큰 맘 먹고 핸드폰을 바꿨다. 7년간 쓰던 016 번호를 버리고 010으로 갈아탔다. 게다가 7년간 고집하던 애니콜 폰 대신 처음으로 스카이 폰을 써보기로 했다. 일 년에도 수십 번씩 폰을 바꾸는, 급변하는 세상에서 그 정도가 무슨 큰 마음이나 되냐고 할지도 모르겠다. 하지만 앞에서 이야기했듯이 나는 한 번호, 한 회사 제품을 7년이나 썼다. 쓰던 것을 바꾸지 않고 그대로 쓰는 걸 좋아하는 나로서는 이 정도의 변화도 혁명에 가깝다. 하지만 돈을 아끼기 위해서는 어쩔 수 없었다. 그렇게 010으로 변경한 스카이 폰을 들고 집으로 돌아왔다. 돈 한 푼 안 내고 핸드폰을 바꿨지만 왠지 손해본 느낌이다. 처음부터 불만이 있는 폰이다. 이것저것 눌러보며 핸드폰을 연구하는데 전화번호 자동 검색이 되지 않는다. 지금까지 썼던 애니콜 폰은 뒤에 네 자리만 누르면 전화번호가 떠서 바로 통화가 되는데 스카이 폰은 그게 안 된다. 그러니까 전화번호를 통째로 외우고 있지 않으면 검색 〉 이름으로 검색 〉 이름 입력 〉 확인을 누르고 전화번호를 찾는 수밖에 없다. 별거 아닌 것 같지만 이만저만 불편한 것이 아니다. 어쩜 이렇게 기본적인 기능을 갖춰놓지 않을 수 있냐며, 누구든 들으라고 쉴 새 없이 구시렁거렸다. 그러다가 갑자기 그게 없어도 살 만하지 않냐? 불편하면 전화번호를 통째로 외우면 되지 하는 생각이 들었다. 맞다. 전화번호를 외워버리면 그만이었다. 핸드폰을 탓할 게 아니라 형편없어진 내 기억력을 탓해야 했다. 그런 기능이 없는 스카이 폰이 잘못한 게 아니라 나에게 못된 버릇을 들여놓은 애니콜 폰이 잘못한 거다. 애니콜 폰의 전화번호 자동 검색 기능이 내 기억력을 빼앗아갔다. 그래도 어렸을 때는 나름 신동 소리를 듣던 나였다. 특히 숫자에 대한 기억력이 뛰어나서 온 동네 사람들의 차량 번호판을 다 외우고 다녔다. 친구들 생일도 줄줄 외고 다녔다. 헌데 이제는 전화번호 하나 외울 기억력조차 남지 않았다. 그러니까 내 기억력의 허약함은 물려받은 능력을 제대로 관리하지 못한 내 탓이다.

　편리함을 위해 만들어진 많은 것들이 내 것을 빼앗아가고 있다. 노래방 기기에 박혀 나오는 가사가 없으면 노래 한 곡도 부르지 못하는 게 당연한 일이 되어 버렸다. 그러고 보니 114에 문의해 알아낸 전화번호를 순식간에 잊어버려 낭패를 본 일도 몇 번 있었던 것 같다. 전화번호를 확인하고 바로 1번만 누르면 자동으로 연결되기 때문에 내 기억력은 10초도 안 간다. 기억력이 전화번호 하나 외우지 못할 만큼 허약해졌다. A4용지를 꺼내 아는 사람들의 전화번호를 다 적어봤다. 부끄러운 성적은 공개하지 말자. 이제 전화를 할 때는 전화번호를 검색하고 바로 통화를 누르는 대신 검색한 전화번호를 외운 다음 번호를 꾹꾹 누른다. 시간이 좀 걸리지만, 머리는 조금 피곤하지만, 다 나를 위해서 이러는 거다. 언제든 핸드폰 버튼 몇 개만 누르면 간단히 알아낼 수 있는 것들이지만 이제는 그러지 말아야겠다. 내 편리를 위해 개발된 수많은 기능들을 포기하고 나에게 조금 더 기회를 줘야겠다.

★ ...... SURPRISE

습관의 매뉴얼을 만들다

선풍기를 사러 갔다가 어떤 기준으로 선풍기를 골라야 할지 몰라 당황한 적이 있다. 겉보기엔 똑같은데 가격은 천차만별이었다. 매일 보던 선풍기가 갑자기 낯설어졌다. 가전제품 중 가장 단순한 기능을 지닌 선풍기도 제대로 알지 못했다.

  문제는 디테일에 있다. 모든 게 알아서 되다 보니 주변의 것들을 자세히 들여다보지 못했다. 그러니 뭐든 제대로 하는 것을 어려워하는 것이다. 이는 선풍기나 냉장고를 고르는 일에만 해당되지는 않는다. 한 살 때부터 배운 밥 씹기는 제대로 하고 있는 것일까? 거의 본능에 맡긴 채 제대로 하고 있는지 한번도 돌아보지 않았다. 나에게 적합한 한 숟가락은 밥알이 1,100개 정도 포함된 것이다. 숟가락은 기다란 것보다 동그란 것이 내 입에 더 맞는다. 입에 들어가면 10분의 1은 왼쪽으로 보내고 나머지 대부분은 오른쪽으로 씹는다. 가장 적당한 씹기 횟수는 약 43회이지만, 밥과 같이 먹는 반찬에 따라 이 숫자는 달라진다. 채소와 같이 먹을 때는 47회, 고기와 함께 먹을 때는 최고 54회까지 씹으면 좋다. 우리의 일상생활을 아주 작은 단위로 쪼개 매뉴얼화해야 한다. 일본 주방에서는 설거지하는 방법조차 매뉴얼화한다고 하지 않는가. 숨쉬기에 대한 매뉴얼, 목욕에 대한 매뉴얼, 내게 적합한 보폭에 대한 가이드……. 본능적으로 지나쳐오던 것들을 자세히 들여다보고 내 습관을 매뉴얼화하는 것이다. 이렇게 만들어진 매뉴얼들은 인터넷 검색으로는 찾을 수 없다. 내게만 의미 있는 내 습관을 매뉴얼화한 것이기 때문이다. 습관이라는 것이 매뉴얼처럼 정해진 대로 딱딱 움직이는 것 같지만 문제는 우리가 인지하지 못하는 사이에 반복된다는 점이다. 숨쉬기에 대한 매뉴얼이 있다면, 어느 날 숨쉬기에 엇박자가 생겨 깊은 한숨이 나오더라도 곧 매뉴얼을 따라 내 페이스로 돌아올 수 있지 않을까?

한계에 도전하다

모든 것이 어긋났을 때, 자신의 영혼을 시험대 위에 올려놓고 그 인내와 용기를 시험해보는 것은 얼마나 즐거운 일인가. 외부적으로 참패했으면서도 속으로는 정복자가 되었다고 생각하는 순간 우리 인간은 더할 나위 없는 긍지와 환희를 느끼는 법이다. 외부적인 파멸은 지고의 행복으로 바뀌는 것이다.

_니코스 카잔차키스, 《그리스인 조르바》

포기하기 위해 도보여행을 시작했다.
포기하는 것은 지는 것이 아니다.
포기하는 것은 나를 아는 것이다.

다른 사람과 함께였다면
그들 때문에 견디기도 했을 것이고,
그들 때문에 포기하고 좌절하기도 했을 것이다.
나의 한계를 모른 채 성공하거나 실패했을 것이다.

혼자 도보여행을 하다 보면 견디거나 포기하는 것이
모두 내 안에 있다.

규칙은 딱 하나

다시 포기하기 위해 도전할 것

제대로 방전되지 않은 건전지를 다시 충전하면 수명이 점점 짧아진다. 건전지는 소모된 에너지 이상으로 채워질 수 없기 때문이다. 방전됐던 것만큼만 충전될 수 있다. 끝까지 방전하지 않고 다시 충전한 배터리는 나중에는 아무리 충전해도 힘을 낼 수 없게 된다. 그 모양이 꼭 나의 20대를 보는 것 같다. 지쳐 나가떨어지기도 전에 지레 겁먹고 드러눕거나 다시 충전모드로 돌아가버렸다. 피곤할 것을 염려하다 보면 시작하기도 전에 이미 지쳐 있을 때도 있었다. 아무것도 하지 않았는데도 항상 피곤하고 바빴다. 제대로 방전되지 않은 배터리를 다시 충전하느라 바빴다. 채 바빠지기도 전에 바쁘다는 핑계를 대느라 바빴고, 피곤하다는 이유로 쓰러져 자느라 더욱 피곤한 하루를 보냈다. 완전히 방전되기 전의 나를 자꾸 재충전 모드로 두었다. 쓰러지는 것이 두려워 에너지를 모두 쓰기 전에 드러누워 충전모드로 돌아서기를 반복했다. 결국 내 에너지의 바닥은 점점 높아져 이제는 충전도, 방전도 할 수 없는 무기력한 사람이 되었다. 직장생활을 시작한 이후 나의 20대가 그러했다.

아직 젊은데 에너지의 바닥은 이미 너무 높아져 있다. 쉬고 싶다는 일념이 주말을 팽팽하지 못하게 만든다. 주말은 무조건 충전의 시간이어야 하기에. 나에게 충전의 시간이란 아무것도 하지 않는 시간이기에. 다음 주를 잘 보내기 위해서는 무조건 쉬어줘야 한다는 생각이 주말 동안 아무것도 하지 못하게 했다. 늘 늘어져 있는 주말은 만사가 귀찮은 날들의 연속이다. 이런 주말을 꽉 찬 스케줄로 보내는 것부터 시작해야겠다. 내가 힘들어할 만한 일들을 미리 포기하지 말고 한번쯤 시도해보고 어느 만큼의 힘을 쓸 수 있는지 확인해보아야 한다.

우리가 한계에 도전하는 이유는 내 포기 지점을 알기 위해서이다. 내 에너지가 완전히 바닥을 드러내 "여기까지! 이제 그만!"을 외치는 지점을 알기 위해서이다. 내게 충전된 에너지를 모두 쓰고 나서야 내 에너지의 크기를 알 수 있다. 내가 썼던 에너지 이상으로 충전될 수 없다. 조금 더 피곤하고 조금 더 쓰러져야 한다. 에너지의 바닥을 점점 더 아래로, 다시 발이 닿지 않는 곳까지 자꾸만 밀어 넣어야 한다. 누구나 자신의 한계를 보는 일을 두려워한다. 하지만 그 바닥을 치지 않는 사람들은 에너지의 한계가 점점 높아질 수밖에 없다. 어느 지점에서 쓰러질지는 모르지만, 당분간은 내 에너지가 충만했다 다시 바닥을 드러내는 순간까지 나의 에너지를 방출해야겠다. 아직 젊으니 그렇게 살아보는 것도 나쁘지는 않을 것 같다. 내가 도전하는 이유는 성공하기 위해서가 아니라 나의 한계를 정확히 알기 위해서이다.

내 에너지의 바닥을 점점 더 아래로 아래로……

포기 그리고 또 다른 도전

내가 처음 도보여행을 간다고 했을 때, 다들 이런저런 말로 말렸다. 그래서 더 하고 싶었다. 흑산도를 하루 만에 돌겠다는 야심 찬 계획을 세우고, 겁도 없이 덤벼든 게 시작이었다. 흑산도에 있는 11촌 중에 9촌을 지나, 열 번째 마을에 도착했을 때 해가 꼴깍 져버렸다. 가운데 산이 떡 버티고 있던 섬인지라 순식간에 새까만 공기로 가득 찼다. 차를 잡아 두고서도 한참을 망설이다가 차에 올라탔다. 처음 출발했던 지점으로 돌아오는 길에 보니, 섬을 완주하지는 못했지만 포기까지 기특한 여행이었다. 굽이굽이 고개가 열 개 넘게 남아 있었다.

   7번 국도를 따라 9박 10일 여행을 하겠다는 뚱뚱한 꿈이 나의 두 번째 도보여행으로 이어졌다. 통일전망대에서부터 울진까지 걸어가는 게 목표였다. 속초와 양양을 지나는 동안 오른쪽 허리의 통증을 견디지 못하고 4일 만에 강릉에서 포기하고 돌아왔다. 첫날부터 내린 비로 힘들기도 했지만, 가방 무게를 견디지 못해 한 걸음 걸을 때마다 허리가 끊어지게 아팠다. 손이 닿지 않는 위치에 파스를 정확히 붙이기 위해 여관방에서 혼자 파스를 펼쳐 놓고 그 위에 드러누워 파스를 붙이는 경험도 했다.

'포기한다고 해서 '지는' 것은 아니다!

★ ...... SURPRISE

먼 길을 아주 오랫동안 혼자 걷겠다고 결심한 사람의 마음속에 출렁거리는 두려움이 나라고 왜 없었겠는가. 그리고 사실 첫 번째 도보여행보다는 두 번째 도보여행이, 두 번째 도보여행보다는 세 번째 도보여행이 더 두렵고 망설여진 것은 사실이다. 그래서 에라, 소리를 백두 번도 넘게 반복하게 된다. 혼자 걷는 길이기에 그냥 걷고 싶은 만큼 걷고, 가다가 힘들면 돌아서면 그만일 것이라고 생각하겠지만, 사실은 그렇지 않다. 혼자 걷는 길에서는 어느 지점이 포기하기에 가장 적절한 지점인지를 찾아내야 한다. 언제나 그렇듯이 도보여행을 떠나면서 가방 가장 안쪽에 챙겨 넣었던 우리 집 열쇠를, 나는 예정보다 빨리 꺼내들게 된다. 10일을 계획하고 가지만 그 일자를 채우지 못하고 돌아서게 된다. 다 채우지 못할 걸 알면서도 다시 출발할 때는 또 그만큼의 계획을 세운다. 아마도 내 도보여행의 목표는 승리의 기쁨을 맛보는 것이 아니라 내 한계를 정해놓고 갈 수 있는 데까지 가보는 것이리라. 이때의 포기가 의미 있는 것은 포기하고 견디는 것이 모두 내 안에 있기 때문이다. 내가 할 수 있는 일과 할 수 없는 일을 구분하게 하고, 적당한 지점에서 포기하는 연습도 하게 한다. 그리고 포기하는 순간의 경험이 다음 경험으로 이어진다. 나는 가다 서다를 반복하는 것을 두려워하지 않을 것이다. 나는 멈춰선 지점에서 정확히 다시 시작할 수 있다. 나는 걷다가 포기하기를 반복하더라도, 또 혼자 걷기를 계획하고 출발하고 포기할 것이다. 그 지점이 내가 다시 완전한 충전모드로 들어설 수 있는 내 에너지의 바닥점이기에.

혼자 떠나는 산행

문득, 가을 한라산을 오르고 싶었다. 단풍이 들기 전 녹음이 짙은 초록산을 보고 싶었다. 날씨가 쌀쌀해지고 있으니 서둘러야 했다. 마음먹은 김에 당장 나서기로 했다. 사실, 나는 등산을 별로 좋아하지 않는다. 올랐던 길을 다시 내려오는 것이 싫다. 항상 더 걸어간 만큼 더 걸어와야 한다는 생각에 산을 오르는 게 두렵다. 이를 악물고 정상까지 오를 때면 2박 3일을 앓아누웠다. 그것이 두려워 중간쯤에서 발길을 돌려 하산하기도 여러 번 했다. 이런 내가 혼자 산에 간다고 하니 모두들 걱정이다. 안 터져도 핸드폰은 꼭꼭 들고 가라는 염려의 마음도 챙겨주었고, 꼭 살아서 돌아오라는 비장한 응원도 해주었다. 혼자 산을 오르는 일은 의외로 쉬웠다. 내가 올라갈 수 있을 만큼만 올라가자는 마음가짐이 나를 정상까지 끌어주었다. 포기를 결심하고 출발한 등산이기에 산을 정복할 수 있었다. 항상 남들만큼은 해야 한다는 생각에 그들을 쫓아가느라 내 페이스를 잃었던 것이다. 산을 오르는 것이 아니라 사람들을 쫓아다니느라 힘들었던 것이다. 내 한계를 만난 것이 아니라 사람들의 한계를 내 안으로 들여놓느라 버벅거렸던 것이다. 나는 산 하나도 정복하지 못할 정도로 나약하지는 않다. 내 한계를 만나기 위해서는 내 페이스로 혼자 시도해봐야 한다.

★ ······ SURPRISE

실패는 나의 힘

언제부턴가 내가 할 수 있는 일과 할 수 없는 일이 뚜렷하게 구분되었다. 아무도 정해주지 않았는데도 많은 날들을 살아갈수록 내가 할 수 있는 일들은 2분의 1, 3분의 1, 4분의 1로 점점 줄어들었다. 만약 실패하지 않는다면 시도해보고 싶은 일들을 적어봤다. 더 이상 불가능의 영역이 넓어지지 않도록. 한라산 정상 오르기, 다른 사람에게 먼저 친구하자고 조르기, 10킬로미터 달리기, 요리 일곱 가지 배우기, 혼자 해외여행 가기……. 적고 보니 불가능해 보이는 것들은 아니었다. 단지 시도를 안 했을 뿐. 내가 아무것도 하지 않는다면 나는 실패하지 않을 것이다. 아무런 시도도 하지 않는다면 나는 상처받을 일도 없을 것이다. 하지만 나는 성장하지 못할 것이다. 내 가능성과 능력의 범위를 점점 줄여간 채. 내가 무기력해지기 시작한 것은 내 능력의 한계를 정하면서부터였다. 아무것도 하지 않고 있었기에 나는 점점 나약해졌다. 불가능해 보이는 일들을 한 번씩은 해봐야겠다. 내가 정확히 못한다는 것을 실제로 확인할 때까지. 해볼 만한 일인 것 같다.

Energy

: 혼자놀기 2 :

낯선 공간이 나를 춤추게 한다

귀찮은 만남을 의무감 때문에 계속하는 지인들,
모른 척하면 더 좋았을 말을 예의랍시고 꺼내드는 동료들,
내가 눈알만 굴려도 무슨 생각을 하는지 알아맞히는 친구들,
때로는 매일 따뜻하게 맞아주는 한결같은 가족들까지도……
아주 고마운 사람들이 나를 숨 막히게 한다.
뻔한 사람들과의 뻔한 만남, 뻔한 하루가 답답하다.

가끔은 혼자이고 싶다.
아무도 나를 모르는, 모른 척하는
낯선 시공간을 꿈꾼다.
쓸쓸하다는 느낌이 그립다.

꽉 묶인 비닐봉지에 담긴 느낌, 벗어나고 싶다.

막간의 시간을
이용한
혼자놀기
신공 발휘

삶의 질을 끌어올리려면 먼저 우리가 매일 하는 것을 세심하게 관찰하여 어떤 활동, 어떤 공간, 어떤 시간, 어떤 사람 옆에서 우리가 어떤 감정을 느끼는가를 포착해야 한다.
_미하이 칙센트미하이, 《몰입의 즐거움》

나도 모르는 사이에 나는 혼자였다.

화장실 가는 시간,
샤워 거품 내는 시간,
양치질하는 시간,
버스 기다리는 시간,
횡단보도에서 신호 기다리는 시간,
아침에 눈을 뜨고 방문을 열기 직전까지의 시간,
커피 내리는 시간,
컴퓨터 부팅되는 시간,
잠들기 직전의 시간.
나에게 아주 잠깐 공상이 허락된 그 시간에… 나는

무엇을 하고 있는가?

삶의 질을 끌어올리는 일상의 비결정적인 순간들을 찾아낼 것

나는 혼자 있어도 심심하지 않다. 항상 무언가를 꼬물거리고 머릿속에선 혼자 분주하다. 무표정한 사람들 속에서 혼자 웃고 있을 때도 있다. 사람들은 이런 나를 부러워하기도 하고 신기해하기도 한다. 어떻게 그렇게 혼자서도 잘 노니? 내가 자주 듣는 질문 중 하나이다. 사람들은 혼자라는 상태를 특별하게, 다르게, 어렵게 본다. 그러다 보니 혼자일 때는 뭔가 특별한 일을 해야 할 것 같고, 따로 시간을 마련해야만 혼자일 수 있다고 생각하는 것이다. 사실은 그렇지 않은 데 말이다. 혼자라는 것은 순간순간 문득 찾아오는 느낌이라, 그 시간을 잘 보내야만 혼자놀기를 연습할 수 있다. 혼자놀기도 연습이 필요한데 우선은 그 시간들을 일상에서 찾는 것부터 시작해야 한다.

혼자만의 시간이라는 것은 어떤 특별한 시간을 의미하는 게 아니라 특별한 마음 자세를 의미한다. 가방을 둘러매고 훌쩍 떠나지 않아도, 나만을 위한 시간이나 공간이 정해지지 않아도 언제든 혼자 놀 수 있다. 그러니까 혼자놀기는, '시간 있고 여유 있는 사람들이나 하는 거지, 뭐'라는 사람들의 생각과는 달리 누구나 쉽게 시작할 수 있는 일이다. 회사일이 바쁜 젊은 아가씨도, 한 살배기 아들을 둔 가정적인 아저씨도 얼마든지 혼자만의 시간을 가질 수 있다.

세어보면 하루에도 몇 번씩 혼자인 시간 속에 내가 있다. 길을 걷는 순간에도,

버스에 오르는 순간에도, 욕실로 들어선 순간에도 나는 혼자이다. 내가 의식하지 못했을 뿐이다. 혼자만의 시간을 갖고 싶은 사람들은 하루 속에 숨어 있는 이런 시간들을 잘 끄집어내어 의미 있는 시간으로 바꾸어야 한다. 나도 모르게 찾아오는 이 막간의 시간은 아주 짧지만 나를 행복하게 해주는 결정적 순간이다. 이런 시간을 어떤 생각들로 채우는가는 우리 삶의 질을 끌어올리는 데 아주 중요한 역할을 한다. 쪼가리 시간까지 스케줄링하고 빽빽하게 할 일을 정해놓자는 게 아니라, 언제고 쪼가리 시간이 나면 혼자서 머리를 굴리며 웃을 수 있는 나만의 휴대용 우주를 만들어놓자는 말이다.

혼자놀기란 100미터 달리기처럼 출발선이 따로 있는 게 아니다. 지금 서 있는 그 자리에서부터 시작하면 된다. 아침에 거울 보는 시간, 선풍기 타이머를 돌리는 시간, 냉장고에서 물을 꺼내 따르는 시간, 화장실에 가는 시간. 이미 오늘 하루 속에도 혼자인 시간은 있고, 그 시간은 살아 있는 동안 계속 이어진다. 그 시간에 나는 무엇을 하고 있었던가? 아무것도 아닌 이 시간들을 내 편으로 만듦으로써 혼자놀기는 시작된다.

미처 느끼지 못했던 짧은 사색의 순간, 양치질!

오늘의 키워드

나는 한 단어를 놓고 유심히 관찰하며 연구하는 취미가 있다. 매일 아침 머리를 감고 드라이를 하면서 거울 왼쪽에 있는 책장에서 하나의 단어를 키워드로 뽑아낸다. 그리고 하루 동안 그 단어를 구워도 보고 삶아도 본다. 이윤기의 《꽃아 꽃아 문 열어라》라는 제목에서 '열어라'라는 말을 골라놓고, 오늘은 '열다'와 비슷한 단어를 다 찾아보겠다고 마음먹는 것이다. 상을 펴다, 문을 열다, 보따리를 풀다, 불을 켜다, 책을 펴다, 몸을 일으키다, 병을 따다, 전화를 받다, 물을 틀다, 꽃이 피다, 단추를 풀다, 신발을 신다, 컴퓨터를 켜다……. 이렇게 놓고 보니 '열다'라는 단어는 시작을 의미하는 긍정적인 의미로 충만하네. 음, 좋아!

이 놀이는 큰 움직임 없이 눈동자만 굴리면서도 머릿속에 온 우주를 담아놓고 돌려볼 수 있게 한다. 기록 따위는 필요 없다. 기록해두더라도 두 번 다시 보지 않을 확률이 99.9퍼센트 이상이니까. 괜히 기록하느라 산만하게 굴지 말고 머릿속으로만 떠올리고 지우고, 또 떠올리고 지우고…… 생각나는 대로 떠올리기만 하면 된다.

아무도 모르게 내 머릿속에서만 바쁘게 돌아가는 생각 덕분에 하루를 살아가는 사이사이에 여백이 생길 때마다 나는 웃게 된다. 하나의 단어를 머릿속에 두고 있으면 화장실에 앉아 있는 시간에도, 횡단보도 앞에서 기다리는 시간에도, 커피를 내리는 시간에도, 콘센트를 꽂기 위해 허리를 숙이는 순간에도, 머리가 가려워 잠시 긁는 순간에도 깜짝깜짝 단어가 떠올라 피식 웃게 된다.

★······ ENERGY

버스 정류장에서

룰루랄라. 오늘도 어김없이 즐거운 퇴근 시간은 찾아왔다. 동동 기다리던 버스가 정류장으로 들어오고 버스를 타기 위해 있는 힘껏 뛰어갔다. 그런데 버스에 막 다다를 무렵 버스는 문을 닫고 출발해버렸다. 에라, 소리가 절로 났다. 같은 버스를 기다리던 사람들을 모두 보내고 덩그러니 버스 정류장에 혼자 남았다. 서울, 특히 강남의 버스 정류장은 버스 네 대가 한꺼번에 멈춰 설 수 있게 되어 있어서 내가 탈 버스가 들어오면 재빨리 뛰어가야 한다. 서른한 보밖에 되지 않는 그 거리를 3초 내에 뛰지 못하면 다음 버스를 기다려야 한다. 이제나 저제나 언제나 오려나. 나는 다음 버스를 기다렸다. 그러다가 문득 버스를 기다리는 동안 사람들은 무슨 생각을 할까 궁금해졌다. 다리를 꼬고 앉아 MP3로 음악을 듣는 아가씨, 핸드폰을 만지작거리는 사람, 다리를 X로 모으고 버스가 오는 쪽을 뚫어져라 바라보는 아저씨, 담배를 피우는 사람······. 버스를 기다리는 시간을 사람들은 특별한 의미 없이 보내고 있었다. 부모님과 짧은 전화 통화를 하면 이 시간은 매일매일 찾아오는 효도의 시간이 된다. 손바닥에 영어 단어 하나씩을 적어 나오면 일 년에 365개의 단어를 외울 수 있는 학습의 시간이 된다. 정거장에 서 있는 사람들 중 한 사람만 자세히 관찰해도 한 달에 30명을 관찰할 수 있는 만남의 시간이 된다. 버스를 기다리는 동안 무얼 하는지 의식하면 이 시간도 혼자만의 시간이 될 수 있다.

잠이 오지 않는 밤에는

나는 어떤 상황에서도 머리만 바닥에 대면 곧바로 꿈나라로 직행한다. 잠이 오지 않는 밤에 대한 고민은 필요하지 않았다. 그런데 얼마 전 잠자리에 들고서도 새벽 3시까지 잠이 오지 않은 날이 있었다. 갖가지 생각이 머릿속을 맴맴 돌면서 몸은 피곤한데도 정신은 또렷해지는 상태가 계속되었다. 잠드는 주문을 잃어버린 사람처럼 멍해졌다. 시간이 지날수록 내일 못 일어나면 어쩌지 하는 고민까지 추가되어 더욱 잠을 자야 한다는 압박에 시달렸다. 온갖 감각이 날이 서 있는 그 시간에는 아주 작은 소리도 제법 귀에 거슬렸다. 눈을 감고 있는데도 창밖의 희미한 가로등 불빛이 고스란히 느껴졌다. 사람들은 잠이 오지 않는 밤에 무엇을 할까? 처음으로 고민하기 시작했다.

 머리를 베개에 파묻고 잠들기 직전 우리가 할 수 있는 일은 많지 않다. 어두운 공간에서 시각은 이미 제한을 받는다. 움직임도 최소한이다. 많은 움직임을 요하는 일은 내 몸으로 찾아들려던 잠을 달아나게 할 수 있다. 찾아보니 이런 나의 고민을 미리 알아차리기라도 한 듯 잠들기 전에 할 만한 일들에 대해 많은 이야기들이 나와 있다. 조용한 클래식 음악을 듣는다든지, 스탠드를 켜고 두꺼운 책을 읽는다든지, 하루 동안 일어난 일을 의식의 스크린에 비춰보면서 하루를 영화처럼 떠올려본다든지. 게다가 10분 안에 읽을 수 있는 생활 전략을 짜놓은 책까지. 나는 잠이 오지 않는 밤이면 내 꿈을 10자로 줄이는 놀이를 한다. 무엇인지는 중요하지 않다. 잠이 오지 않는 밤에 내 머릿속에 떠올릴 수 있는 한 가지 주제를 정해놓는 것이 중요하다. 아무것도 의식하지 않고 머릿속이 진공 상태에서 잠에 빠져들기까지 나를 조용한 무의식의 세계로 이끌어줄 무언가를 준비해두어야 한다. 어느 날 난데없이 찾아올지 모르는 이불 속에서의 정적, 나는 무슨 생각을 하면서 시간을 보낼 것인가?

★ ‥‥‥ ENERGY

HAHA

일상의 관찰력을 키워주는 유쾌한 고독

우리는 다른 사람들의 반응에 따라서 언제 웃는 것이 적절할 것인가를 결정하는 데 너무 익숙해져 있기 때문에 나중에는 코미디의 유머의 질에 따라 반응하는 것이 아니라 그저 웃음소리에 따라 반응하게 된다. 진정한 유머 없이 '하하'라는 가짜 웃음소리만 가지고도 시청자들의 웃음을 유도해낼 수 있게 된 것이다.
_로버트 치알디니, 《설득의 심리학》

매주 토요일 〈무한도전〉을 보는 이유는
월요일 아침 회의 시간에 사람들과의 대화에 끼기 위해서이다.

〈개그 콘서트〉를 챙겨 보는 이유는
사람들이 웃는 지점에서 같이 따라 웃기 위해서이다.

웃기지 않는 유행어를 반복해 외고 있는 사람들에게서
억지웃음과 같은 긴장된 명랑함이 느껴진다.

규칙은 딱 하나

나만의 웃음 코드를 찾아낼 것

웃음에도 개성이 있다. 〈개그 콘서트〉나 〈웃찾사〉를 재미있어하는 사람도 있고 〈남자 셋 여자 셋〉이나 〈거침없이 하이킥〉 같은 시트콤을 재미있어하는 사람도 있다. 같은 것을 보면서도 이해하는 바가 다르다. 우스운 지점도 제각각이다.

　요즘의 우리는 웃음에 개성을 잃어버렸다. 조금 우스운 일이 있더라도 다른 사람들이 웃지 않으면 모른 척하고, 그저 유행어라면 뜻 모를 이야기를 주고받으며 웃는다. 모든 것들을 같이 느끼고 같이 즐기길 요구받는 것이다. 어쩜 그렇게 일제히 웃음을 터트리고 똑같은 모습으로 즐거워하는 것인지. 즐거워하고 웃는 것까지 단체 활동이 되어버렸다.

　애써 노력하지 않아도 웃을 일이 많은 세상이 되었다. 즐거운 일을 찾기 위해 끊임없이 관찰하지 않아도 된다. 가짜 웃음이라도 뚱한 것보다는 나으니 웃을 일 없는 세상에 사는 사람들을 위해 웃을 일들을 만들어주는지도 모르겠다. 하지만 그만큼 내 안에서 우러나오는 속웃음은 잃어버렸다. 튀어 보일까 봐, 괜히 엉뚱한 지점에서 웃음을 터뜨려 민망할까 봐, 웃는 일까지 눈치를 봐야 하는 세상이 되었다. 박장대소 뒤에는 이유 모를 공허함이 존재하고 있다. 웃을 일은 많아졌지만, 유쾌한 느낌은 줄어들었다. 많이 웃고 있지만 누군가에 의해 조종된 웃음을 짓고 있는 슬픈 피에로 같다. 그들이 의도한 대로 나를 웃기기 위해 준비된 쇼 앞에서만 웃어 보일 수 있다. 준비된 감동에만 내 마음은 반응한다.

스스로 찾아낸 일로 웃고 싶다. "자, 웃어주세요"라는 신호에 의한 것이 아니라 나도 모르게 속에서 쿡 하고 터져 나오는 웃음으로 즐기고 싶다. 박장대소가 아니라도 내 느낌으로 웃으며 만족하고 싶다. 작더라도 내 가슴에서 만들어낸 웃음으로 유쾌해지고 싶다. 내 인생에서 가장 소중한 것, 하지만 오랫동안 잃어버렸던 내 속웃음을 찾고 싶다. 내 일상의 웃음들을 찾고 싶다. 사람들에게 설명되지 못할,

혼자 웃고 말 일들이 얼마나 많은지 잊고 지냈다. 텔레비전의 자막을 빠르게 따라가지 않더라도, 마빡이의 이름으로 다리와 머리를 박자에 맞춰 번갈아 치지 않더라도 우리는 웃을 거리를 많이 찾아낼 수 있다.

내 마음이 반응하는 지점을 찾기 위해 노력했다. 어떤 작은 일에 내 마음이 감동을 받는지, 떨림을 일으키는지, 예쁜 무늬를 만들어내는지, 움직이는지 끊임없이 관찰했다. 사람들의 시선이 닿지 않는 곳에 관심을 두고 이상한 코드로 해석하며 웃을 거리를 찾아다녔다. 그리하여 내가 찾아낸 몇 개의 지점들, 나 혼자만 알아차릴 수 있는 유머 주파수, 그저 혼자 웃고 말 유머 코드가 존재하는 곳을 드디어 찾았다. 사람들의 뒷모습을 관찰하는 일, 모든 일에 생명력을 부여하고 일상을 시트콤처럼 해석하는 일, 지하철에 무심하게 앉아 있는 사람들의 표정을 관찰하는 일, 일상의 손길이 닿지 않을 만한 일상적인 지점을 관찰하는 일, 나와 닮은 사람과 닮지 않은 사람들을 구분해보는 일, 일상처럼 살아가는 시간들 속에 묻혀 있는 습관들, 그것들을 관찰하고 혼자 속으로 웃어보는 일은 500만 원을 줘도 안 바꿀 거다.

지하철 풍경

회사가 강남에서 홍대로 이사 왔다. 같은 사람들과 같은 일을 하고 있지만, 서식지를 옮겼다는 이유로 여러 가지 변화가 생겼다. 아침 출근길을 다시 탐색해야 하고, 점심시간에 갈 만한 밥집을 찾아야 한다. 요즘 나의 가장 큰 고민은 왕복 네 시간으로 늘어난 출퇴근 시간에 할 만한 일을 발견하는 것이다. 자리 잡고 앉아 졸기에도 민망하게 긴 출퇴근 시간이다. PMP로 영화를 보는 일도 며칠 하고 나니 목이 뻐근하고, 책을 보고 있자니 눈이 점점 나빠지는 느낌이 들었다. 친구에게 전화를 하거나 문자를 보내는 일로 때우기에도 너무 긴 시간이다. 이 시간을 지루하지 않게 보낼 거리가 필요했다. 다른 사람들은 뭘 하며 출근 시간을 보내고 있는지 관찰하기 시작했다. 신문을 보는 사람, 졸고 있는 사람, 걸어가는 사람, 자리 찾아 눈에 불을 켜는 사람, 핸드폰에 빠진 사람, DMB로 아침 드라마 보는 사람……. 가만히 보다 보니 이들을 보고 있는 것 자체가 재미있었다. 신문을 들고 있는 사람들을 골라내어 관찰해보면 신문을 들고 있는 방식이 제각각이다. 신문을 엄지와 검지 사이에 끼워 넣는 사람, 검지와 중지 사이에 끼워 넣는 사람,

★······ ENERGY

지하철 안 사람들을 관찰하다 문득 생각, '나도 저렇게 보일까?'

접지 않고 읽는 사람. 그러다가 침을 묻히며 신문을 넘기는 아저씨를 만났을 때 나도 모르게 쿡 하고 웃음이 튀어 나왔다. 요즘은 어떤 신발이 유행하나 관찰하다가 여름 샌들 사이로 삐져나온 엄지발가락을 만났을 때, 그 아가씨의 발과 얼굴을 번갈아 쳐다보며 혼자 웃었다. 운동화끈 매는 방법을 관찰하다가 나랑 똑같은 방식으로 끈을 묶은 학생을 만났을 때는 혼자 반가웠다. 아무 일이 없을 때에는 반대편에 앉아 있는 일곱 명의 얼굴을 두고 무표정 대마왕을 뽑기도 했다. 지하철 한 줄에 남자 일곱 명이 앉았을 때의 빽빽함과 여자 일곱 명이 앉았을 때의 헐렁함을 비교하기 위해 타이밍을 기다리기도 했다. 일상에 묻어 있는 작은 습관들에 웃기도 하고, 보이지 않는 곳에 숨어 있을 내 습관들을 가만가만 되짚어보기도 했다. 지하철은 내 방식대로 세상을 바라볼 수 있는 기회를 준다. 나만의 기준으로 일상을 보게 해준다. 지하철은 눈동자만 굴리면 어떤 영화보다도 스팩터클하고, 어떤 코미디보다도 재미있는 풍경들이 많은 삶의 현장이다.
출근 시간이 즐겁다.

낯선 공간이 나를 춤추게 한다 ······★

뒷모습, 세상에서 가장 솔직한 표정

어쩌면 뒷모습은 그 사람의 가장 솔직한 모습일 수도 있다.

친구들과 여행을 다녀왔다. 제각각 카메라에 담아온 사진들을 카페에 올렸다. 한 친구의 사진을 보고 있으니 이상한 느낌이 들었다. 사진이 모두 사람들의 뒷모습만 담고 있었다. 그리고 짧은 후기. 우연히 찍힌 뒷모습에서 너무도 솔직한 모습이 보여서 뒷모습만 담기 시작했다는 것이다. 그 친구는 무리로 걸어갈 때에는 항상 가장 뒤에서 걸으면서 우리의 모습을 한꺼번에 담았다. 자신이 찍히는 줄 모르고 제멋대로 걸어가는 걸음걸이며, 다정한 어깨동무며, 사람 사이의 거리가 모두 보였다. 시선이 앞을 향해 있어 뒷모습에는 그다지 신경 쓰지 못한 티가 났다. 섬뜩할 정도로 솔직한 모습들이었다. 뒤통수, 구두굽, 걸음걸이, 접힌 바지선, 구겨진 치마까지. 뒷모습은 무방비 상태로 그 사람의 모든 것을 보여줬다. 뒷모습만 봐도 그 사람의 표정이 대략 짐작이 됐다. 나도 그때부터 뒷모습이 담긴 특별한 사진을 찍기 시작했다. 포즈를 취하지 않은 사람들의 사진. 뒷모습은 항상 가장 솔직한 모습을 담아낸다.

ENERGY

엉뚱 황당한 일상의 시트콤

시트콤의 매력은 엉뚱함에서 오는 즐거움이다. 슬픈 일이 있더라도 시트콤처럼 받아들이면 한결 가벼워진다. 그게 내가 별로 웃을 일 없는 평범한 일상을 견뎌내는 방식이다. 더러는 말도 안 되는, 황당한 상황도 벌어지지만, 뭐 어떤가. 혼자 재미있게 웃으면 그만이지. 코미디언 전유성은 버스를 타고 가면서 "만약 이 세상에 이 버스에 있는 사람만 남는다면 나는 누구와 짝을 할까?"라는 상상을 한다고 한다. 일상 속에서 항상 유머의 소재를 찾고 다양한 상상을 즐기는 것이다. 나는 말짱하게 지나가는 남자를 바라보면서 '저 남자가 나에게 프러포즈를 한다면 나는 오케이를 할까 노를 할까? 저 사람이 내 남자로 적절하지 않은 이유는 무엇인가?'를 생각하며 혼자 웃는다. 이렇게 생각하고 보면 지나가는 사람 모두가 유머의 대상이다. 일상적이지 않은 이런 상상들로 내 생활이 즐거워질 수 있어서 좋다.

시간을 비틀면
여유가 보인다

우리는 우리 동네에서 흥미 있는 것은 모두 발견했다고 자신한다. 무엇보다도 우리가 그곳에 오래 살았다는 것이 주된 이유이다. 우리가 10년 이상 산 곳에 뭔가 새로운 것이 나타난다는 생각은 하기 힘들다. 우리는 습관화되어 있고, 따라서 우리가 사는 곳에 대해 눈을 감고 있다.
_알랭 드 보통, 《여행의 기술》

집에서 같이 뒹굴던 옷을 입은 채 집을 나섰다.
인디안밥을 사다가 우유에 말아 먹어야겠다.

가까운 동네 슈퍼는 오늘 하루 쉰단다.
먹지 말까, 다른 데 가볼까.

조금 더 먼 두 번째 슈퍼에는 인디안밥이 없다.
그냥 죠리퐁 먹을까, 다른 데 가볼까.

세 번째 슈퍼에서 드디어 인디안밥을 사 들고 돌아오는데 뭐지?

여행한 듯한 이 느낌은?

전혀 예상치 못했던 시간에 챙기고 나설 것

여행이란 낯선 공간으로의 이동이라 생각해왔다. 적어도 몇 시간쯤 비행기를 타고 날아가 내 시선이 닿지 않았던 낯선 장소에 나를 떨어뜨려 놓고서야 아, 내가 여행을 왔구나 하는 생각이 들었다. 모르는 사람들 틈에서 입에 맞지 않는 음식을 먹고, 기차를 놓치면 아무도 모르는 공간에 혼자 남겨질까 두려워 서두르게 되고, 불쾌한 잠자리에서 뒤척이는 것조차 내가 여행을 하고 있다는 안도감을 느끼게 하는 불편거리들이었다. 나의 여행은 언제나 새로운 공간을 필요로 했다.

하지만 이제는 조금 다른 생각을 갖게 됐다. 하나의 공간을 다른 시간에 여행하는 것은 또 다른 여행이 될 수 있다. 아침과 저녁의 모습이 다른 것처럼, 어제와 오늘의 모습이 다른 것처럼, 공간도 자란다. 그러니 같은 장소를 다른 시간에 여행하면 다른 것을 보고 새로운 것을 발견할 수 있다. 내가 잘 알고 있다고 자부하는 우리 동네도 새벽에 만나보니 다른 모습이었다. 아침 출근길에 버스 타러 가면서 만나는 우리 동네와 주말 오후 기분전환 삼아 나선 우리 동네는 아주 아주 달랐다. 익숙한 공간을 새로운 시간에 만나는 것은 새로운 공간을 만나는 여행만큼 신나는 일이다. 공간 이동 여행이 아니라 하나의 공간을 다른 시간에 있어보는 시간 이동 여행이다.

동네 여행은 아주 가까운 곳으로 떠나는 시간 이동 여행이다. 가까운 곳으로 떠나는 여행이니 준비도 필요 없다. 가벼운 운동화 하나만 챙겨 신으면 언제든지 출발할 수 있다. 동네 여행은 아무런 목적 없이 출발하지만 항상 기대 이상의 것을 얻게 된다. 누군가에게 이야기할 재료를 얻기도 하고, 동네에서 낯선 모습을 발견해 기분전환이 되기도 하고, 가슴 뭉클한 깨달음이 꿀렁꿀렁 올라오기도 한다. 해가 질 때까지 돌아오기만 하면 걸어간 만큼 모두 내 땅이 되는 톨스토이의 동화처럼, 집으로 돌아오기만 하면 마음먹고 걸어간 만큼 우리 동네가 된다. 마음 닿는 대로 걸어갔다 돌아오면 된다. 꼭 동네에 어떤 좋은 공간이 있어서가 아니라 하릴없이 거닐기 위해 집을 나서는 것이다. 가보지 않은 길로 걸어보기 위해, 목적지가 있는 사람처럼 빠르게 걷거나 할 일 없는 사람처럼 느릿느릿 걸어보기 위해 동네 여행을 한다. 매일 만나는 우리 동네를 새로운 시간에 만나기 위해 여행을 떠나는 것이다.

동네 슈퍼를 가도 마음가짐에 따라 여행이 될 수 있다.

나를 충전하거나 위로하거나 새로운 친구를 사귀거나 자극이 필요할 때 떠나는 게 여행이라면, 나는 매일매일 여행을 할 수 있다. 우리 동네는 매일 아침저녁으로 드나드는 장소니까. 언제든 마음만 먹으면 새로운 것들을 발견할 수 있으니까. 특정 시간을 선택하거나 따로 짐을 꾸리지 않아도 된다. 몇 박 며칠 계획을 세우고, 혹시나 필요할지도 모르는 것까지 꽁꽁 챙겨 넣으며 허파에 바람만 잔뜩 들여놓았던 공간 이동 여행은 일 년에 한 번으로 족하다. 마음만 먹으면 언제든 떠날 수 있는 동네 여행으로 콧구멍에 바람 좀 넣으며 살자!

주말 오후에는 동네 한 바퀴

몸이 힘들어졌다. 드러누운 채 다리를 들면 90도로 세워 올릴 수 없을 만큼 복근이 약해졌다. 손을 머리에 대고 하트를 만드는데 뿌드득 소리가 날 만큼 어깨 근육도 굳었다. 이럴 때 필요한 건 뭐? 운.동.운.동.운.동. 근데 뭘 하지? 인터넷 검색창에 생활 체육을 입력해 넣고 내가 할 만한 운동을 찾았다. 탁구는 짝꿍이 없어서 못하겠고, 줄넘기는 심심해서 못하겠고, 댄스는 박치라 못하겠고, 요가는 졸려서 못하겠고. 에이, 괜히 인터넷 검색하느라 어깨 근육만 더 굳었네. 구시렁. 이런 나를 옆에서 지켜보던 언니가 버럭 소리를 질렀다. 나가서 걷기라도 해!!! 그렇게 나는 거리로 내몰렸다. 그래. 이왕 나온 거 동네라도 한바퀴 돌자. 이렇게 난데없는 내몰림에서 시작된 동네 여행은 이제 취미로 발전했다. 주말 오후 우리 동네에서는 살아 있는 것들을 만날 수 있다. 지금까지 우리 동네는 죽어 있었다. 항상 길과 건물을 중심으로 우리 동네를 바라봤었는데, 주말 오후의 여유로움 속에서는 꾸물거리는 것들을 볼 수 있었다. 그렇게 우리 동네에 사람들이 생겨났다. 슈퍼의 플라스틱 의자에 앉아 지나가는 사람들을 보고 있으면 무대 위로 사람들이 드나드는 것 같다. 지난주에는 피지 않았던 꽃이 오늘은 담장 너머로 붉게 피어오는 것도 보게 된다. 서두르면 보이지 않을 만큼 느린 속도로 우리 동네는 자라고 있었다. 이제는 누군가에게 자신 있게 얘기한다. 나 요즘 운동해. 무슨 운동? 걷기 운동. 그럼 친구 일동. 풋! 비웃는다. 누가 뭐래도 나는 걷기 운동을 사랑한다. 이렇게 주말마다 열심히 걷는데 조금은 건강해지지 않을까? 은근히 기대해본다.

★ ...... ENERGY

새벽 6시, 낯선 시간 속으로

적당한 어둠과 정적 속에서 발견하는 익숙한 길의 낯섦. 그 속의 새로운 나.

너무 일찍 깼다. 어제저녁에 조금 일찍 잤더니 나도 모르게 새벽에 눈이 떠졌다. 5시 반. 아아. 더 자야 해. 자장자장자장. 더 자라. 더 자라. 더워서 그런가. 선풍기 타이머를 90도 돌려놓고 다시 누웠다. 그러나 정신은 이미 너무 말짱해져 버렸다. 덥네. 아이스크림 먹고 싶다. 아니. 갑자기 새벽에 웬 아이스크림? 그냥 자자. 문득 일어나 냉장고에서 보리차를 한잔 꺼내 원샷! 이불을 머리 쪽으로 쭉 밀어놓고 다시 누웠다. 두 눈을 질끈 감았는데도 정신은 점점 더 또렷해졌다. 안 되겠다! 갑자기 무언가에 홀린 사람처럼 벌떡 일어나 집을 나왔다. 아이스크림을 먹기 위한 새벽 여행이 시작됐다. 슈퍼 냉장고 앞에 섰다. 죠스바 하나를 샀는데 50퍼센트 세일을 한다. 아직 덜 깬 내 기분은 사소한 것 하나에 살짝 업되었다. 파마머리는 범벅이 되었고 슬리퍼 차림이었지만 새벽의 상쾌한 기운에 취해 있었다. 이왕 나온 거 좀 걷다 갈까. 슈퍼 앞 공원으로 갔다. 사람들이 나와서 운동을 하고 있었다. 걷겠다던 사람은 어디로 갔는지 바로 가까운 벤치를 찾아 앉았다. 오, 운동하는 사람들이 꽤 많네. 이 사람들은 잠도 없나. 뭘 이리 새벽부터 이러고 있지. 그러다가 갑자기 내 슬리퍼 차림이 민망해지기 시작했다. 이제야 정신이 들었다. 그렇게 멍한 표정으로 앉아 있기에는 이미 날이 너무 밝았다. 사람들이 이렇게 많을 줄은 몰랐다. 새벽 6시, 다들 나처럼 이불 속에서 미적거릴 줄 알았는데 이런 새벽 시간에도 사람들은 부지런히 움직이고 있었구나. 열심히 사는 줄 알았는데 내가 살아보지 않은 시간이 참 많구나. 가슴 깊은 곳에서 뭉클한 기운이 올라왔다. 새벽에 동네 슈퍼에서 사 먹은 죠스바 하나가 나를 일깨워주었다.

퇴근길 여행

　퇴근길에 원래 내리는 곳보다 한 정거장 앞에서 내렸다. 아주 느린 걸음으로 집까지 걸어왔다. 걷는 동안 옆 동네와 우리 동네 사이에 사는 사람들을 만날 수 있었다.

　뚜레주르 앞에서 "여기는 아이스크림 케이크가 없네. 엄마가 내일 아이스크림 케이크 사줄게"라며 어린아이를 달래는 엄마를 만났다. 패밀리마트 앞에서는 MP3를 꽂고 주변 사람들에게는 관심이 없다는 듯 빠른 걸음으로 걸어가는 여학생을 만났다. 치킨집 밖에 놓인 테이블에는 큰 잔에 맥주를 받아든 사람과 작은 잔에 맥주를 받아든 사람이 서로 자기가 말할 차례라며 손을 크게 휘젓고 있었다. 살아오면서 나도 한번쯤은 겪었음 직한 그런 일들이 그곳에서 펼쳐지고 있었다. 나도 저 사람들과 비슷한 모습으로 걸어가거나 앉아 있었다. 오늘 혹은 내일 나에게도 벌어질 일들을 미리 보고 있었다.

　그들을 죽 지나 집에 도착하고 보니 내게 30년 동안 벌어졌던 일들을 아주 작은 일상의 파편들로 돌아본 느낌이었다. 그런데 왜 그 일들을 아주아주 남의 일처럼 무심하게 바라보았을까? 처음 보는 일처럼 낯설게 느꼈을까? 내게는 절대 일어나지 않을 일을 구경하는 것처럼 "어라. 저 사람, 저러고 있네"라며 그들을 바라본 걸까? 예전의 내 모습이거나 지금의 내 모습이거나 앞으로의 내 모습일 텐데 말이다.

　다른 사람들이 나와 같은 모습으로 살아가는 것을 보면 닮아 있음에 반갑기보다는 나와는 전혀 상관없는 일 같이 낯설게 느껴진다. 어쩌면 오늘 이 사람들을 관찰하고 있는 내 모습을 다른 사람의 일상에서 발견한다면 또 어색하다 하겠지. 다른 사람들의 일상에서 내 모습을 발견하는 것은 별 볼일 없이 반복되는 것 같던 내 일상을 아주 낯설게 바라보는 방법이다. 이렇게 자꾸 연습하다 보면 언

★ ······ ENERGY

젠가는 '오늘 하루도 똑같았음!'으로 기록될 내 일상도 조금은 다르게 느껴질 것 같다. 20분 동안 높은 굽의 신발을 신고 걷느라 좀 힘들긴 했지만, 이렇게 기특한 생각을 해내다니. 그래도 본전은 했다.

내 몸에서
찾은
한 뼘의
행복

사람도 나무처럼 일 년에 한 번씩 죽음 같은 긴 잠을 자다가 깨어나면 좋겠다는 생각이 들었다. 그렇게 깨어나 연둣빛 새 이파리와 분홍빛 꽃들을 피우며 처음부터 다시 시작하면 좋을 것 같았다.
_공지영,《우리들의 행복한 시간》

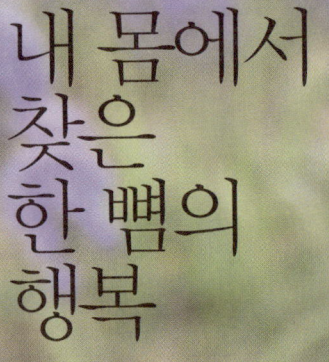

오늘 날씨는 봄날이 주는 선물 같았다.
내 몸에서도 연둣빛 이파리며 분홍 꽃들이 툭툭 터져 나오는 느낌이다.

덕지덕지 붙어 있는 구닥다리들을 떼어내고
무엇이든 새롭게 시작할 수 있을 것 같다.

봄날의 나무처럼 새로운 나를 만나고 싶다.
산뜻하게 깨어날 수 있는 주문 어디 없을까?

나를 새롭게 하는 주문을 찾아낼 것

새롭게- 새롭게- 이슬 맺힌 새싹처럼……

여행은 언제나 나를 설레게 한다. 아무 일 없이도 새로워진 느낌이 든다. 새로운 풍경을, 새로운 사람을, 새로운 나를 만날 기대에 마음은 부풀어 오른다. 나는 전혀 달라진 것이 없는데, 완전히 새 사람이 될 수 있을 것 같은 느낌이 들기도 한다. 주변의 변화만으로도 나는 새로워진다. 새로운 회사에 첫 출근 했을 때에도, 새 집으로 이사를 갔을 때에도, 새로운 모임에 나갔을 때에도 새로워진 느낌이다. 모든 새로운 경험 앞에서 새로워짐을 느낀다.

반면에 주변의 모든 것이 변했는데, 나 혼자만 그대로인 것 같아서 왠지 구닥다리 같아 보일 때가 있다. 화창해진 날씨에도 겨울 외투를 꽁꽁 입고 있을 때, 더 이상 내 키가 자라지 않음을 느꼈을 때, 친구가 미안하다며 손을 내밀었는데 나 혼자 분노에서 풀려 나오지 못해 여전히 꿍해 있을 때……. 나 혼자만 오래 묵은 세상에 묶여 답답해질 때가 있다. 주변은 변할 만큼 변했는데 전혀 신선한 느낌도 산뜻한 느낌도 없다. 혼자 구질구질하게 어딘가에 머물러 있다. 새롭게 깨어날 준비를 하고 있는데, 무언가가 안 돼, 안 돼, 안 돼를 반복하며 나를 꼼짝 못하게 붙들고 있다.

　이럴 때 나를 새롭게 해줄 산뜻한 주문이 필요하다. 나를 새롭게 하는 기운을 불어 넣을 수 있는 주문이. 머리를 산뜻하게 치장하거나, 안 바르던 아이섀도를 난데없이 눈두덩에 시퍼렇게 발라보거나, 새빨간 립스틱을 진하게 발라보거나, 파란색 원피스를 입어보거나, 9센티미터짜리 하이힐을 신고 지하철 2호선에 오르거나. 무엇으로든 새로운 기운을 부여받고 싶은 것이다.

　중요한 것은 새로운 감정을 만들어내는 것이다. 나에게 새로워진다는 느낌을 줄 수 있는 것들을 찾아내야 한다. 몸을 깨끗이 씻는 것도 좋고, 내 몸의 낯선 지점을 발견하는 것도 좋고, 머리를 치장하거나 눈썹을 다듬는 일도 좋다. 내가 예전의 내가 아님을 말해줄 수 있는 것이면 무엇이든 좋다. 새롭게 치장하거나 외투를 벗는 것만으로 봄이 나에게 찾아오는 것은 아니다. 내 몸이 새로워졌음을 발견할 수 있어야 한다. 나는 무엇으로 새로워지는가?

때밀이 단상

오늘은 뭐라도 해야 했다. 바람이 좋은 건지 몸이 간지러운 건지, 어쨌든 내 몸은 새로운 것을 원했다. 혼자 목욕탕에 간 것은 처음이었다. 때를 밀기보다는 굳어 있는 근육을 따뜻한 탕에서 풀어주기만 할 작정이었다. 목욕탕에 들어서니 꽃무늬 팬티와 브래지어 차림의 때밀이 아주머니가 보였다. 아주머니에게 때나 한번 밀어볼까? 헌데 전신을 미는 데는 1만 5,000원. 달랑 1만 원을 들고 와서 목욕비를 내고 나니 6,500원밖에 남지 않았다. 마음 좋은 아주머니는 우선 밀고 나중에 돈을 갖다달라고 하셨다. 때밀이용 침대에 올라갔다. 플라스틱 침대는 미끄러웠다. 아주머니는 다리의 때를 민 다음 짝 소리가 나게 다리를 치셨다. 돌아누우라는 얘기였다. 그렇게 네 바퀴를 구르며 온몸을 밀고 나니 너무도 시원했다. 내가 끼적끼적 밀 때보다, 엄마가 시뻘겋게 밀어줄 때보다 훨씬 부드럽고 시원했다. 역시 전문가의 손길은 달랐다. 아무래도 때밀이 아주머니의 손길에 중독될 것 같다. 이제 더 이상 목욕탕에서 내 등을 밀어줄 친구를 찾지 않아도 된다. 언제든 내 몸이 새로운 기운을 원하면 2만 원을 들고 때밀이 아주머니가 기다리는 목욕탕으로 간다. 바나나 우유를 빨아먹으며 집으로 돌아오는 길은 무엇이든 할 수 있을 것 같은 자신감으로 가득하다.

뽀득뽀득 나 만들기 대작전에 투입된 일등공신들!

★······ ENERGY

나는 매일매일 자란다

언제부턴가 내 몸의 성장은 멈췄다. 더 이상 키는 자라지 않고, 앞니가 빠지고 새로운 이가 나지도 않는다. 손이나 발의 크기도 더 이상 변하지 않는다. 사람이라면 누구나 겪는 일이지만, 내 몸이 더 이상 성장하지 않는다는 사실을 깨달았을 때 내가 변할 수 있는 커다란 계기를 잃어버린 느낌이었다. 신체검사를 할 때마다 키는 조금씩 자라 있었고, 내가 조금씩 변하고 있다는 생각이 들었다. 이가 빠지고 새로운 이가 났을 때에도, 내가 어른이 되어간다는 느낌이 들었다. 그런데 이제 더 이상 내 몸에서 그런 변화는 일어나지 않는다. 내 몸에서 변화가 일어나는 부분을 관찰하기 시작했다. 손톱, 발톱, 머리카락이 그것이다. 이것들은 아직도 자라고 있다. 다리의 털도 깎으면 일정 길이만큼은 다시 자란다. 눈썹도 뽑은 위치에 다시 자란다. 내 몸에 아무런 변화가 없다고 느껴질 때면 이런 부분들을 찾아내어 손질을 한다. 손톱을 깎거나 발톱을 다듬는 것만으로도 새로워진 기분이 든다. 손톱을 깎아 산뜻해져서만은 아니다. 아직도 내 몸 중 어느 부분은 자라고 있고 새로워지고 있음을 느끼기 때문이다. 비록 그것이 평생 내 몸에 붙어 있을 수 없는 부분이라 할지라도 내 몸의 어느 한 부분은 끊임없이 자라고 있다. 나는 조금씩 새로워짐을 느낀다.

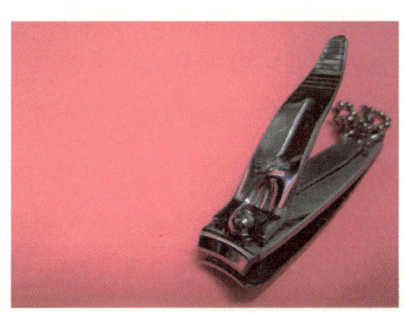

거울 속에 또 다른 내가 있다

내 방에는 거울이 두 개 있다. 하나는 바닥에 세워져 있는, 가늘고 긴 전신 거울이고, 하나는 화장대 위에 세워져 있는, 얼굴 크기보다 조금 큰, 얼굴 거울이다. 거울 두 개의 용도가 정해진 것은 아니지만 습관적으로 그렇게 사용하고 있다. 그러다 보니 전신 거울은 항상 전체를 보는 데 쓰인다. 머리 스타일을 살핀다든지, 옷맵시를 확인할 때 쓴다. 그러니까 몸을 관찰할 때 쓰는 것이다. 반면 화장대 위의 얼굴 거울은 주근깨가 늘었는지 확인하거나 마스카라를 바르거나 눈썹을 뽑을 때 사용한다. 아주 가까이에서 자세히 살필 때 쓴다. 그런데 이 두 거울의 용도가 뒤바뀌는 일이 생겼다. 샤워 후 아무 생각 없이 전신 거울 앞에 앉아 머리를 털고 있었다. 아주 더운 여름이라 핫팬츠를 입고 있었다. 머리를 툭 털어 올리며 거울을 봤는데 내 오른쪽 다리 끝에서 엉덩이로 이어지는 지점에 지름 2밀리미터의 아주 까만 점이 있었다. 30년을 살아오면서 한번도 발견하지 못할 정도로 절묘한 지점에 있는 점이었다. 일어서서 고개를 오른쪽으로 돌려도 보이지 않고, 다리 사이로 머리를 박아도 보이지 않는다. 짧은 바지를 입고 다리를 구부린 채 거울 앞에 앉아야만 보인다. 그러고 보니 내 몸을 자세히 들여다본 적이 없다. 손이나 발은 가끔 들여다보기도 하지만, 시선이 닿지 않는 지점들은 자세히 관찰할 기회를 갖지 못한다. 나는 얼굴 거울을 내 몸에 비추고 자세히 살피기 시작했다. 거울은 마치 돋보기라도 되는 듯이 보이지 않던 것들을 확대해 비춰주었다. 자세히 들여다보기 전에는 알지 못했던 내 몸의 점들을 발견할 수 있었다. 〈섹스 앤드 더 시티〉의 사만다가 자신의 음부가 아주 아름답다는 얘기를 했을 때 충격을 받았다. 그녀는 거울로 매일 자신의 다리 사이를 관찰한다고 했다. 이제, 그녀가 얘기하던, 자신을 사랑하는 방법을 이해했다. 나 또한 이제는 전혀 의외의 곳에 얼굴 거울을 갖다 대는 걸 주저하지 않는다. 내 몸에 새로운 비밀 하

★······ ENERGY

나를 발견할 때마다 신기하기도 하고 웃음이 나오기도 한다. 아주아주 새로운 느낌이다. 비밀을 하나 알려줄까? 우리는 장난처럼 울다가 웃으면 엉덩이에 털이 난다고 이야기한다. 그런데 대부분의 사람은 이미 엉덩이에 털이 나 있다. 나도 처음에 봤을 때는 깜짝 놀랐는데, 거울로 보면 진짜 털이 나 있다. 푸하하.

나에 대해 잘 안다는 것은 성격만을 말하는 것이 아니다.

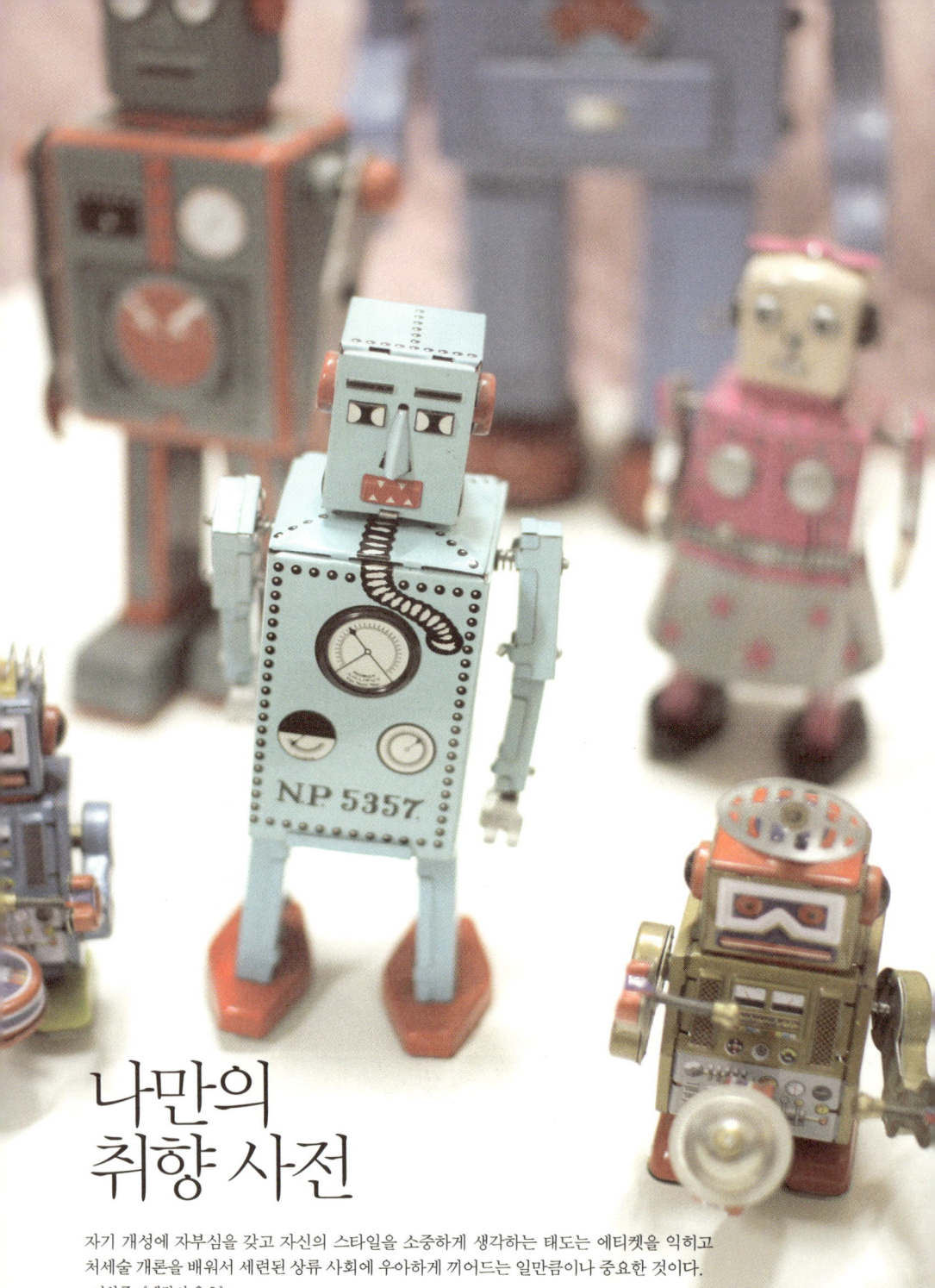

나만의
취향 사전

자기 개성에 자부심을 갖고 자신의 스타일을 소중하게 생각하는 태도는 에티켓을 익히고
처세술 개론을 배워서 세련된 상류 사회에 우아하게 끼어드는 일만큼이나 중요한 것이다.
_이왕주, 《쾌락의 옹호》

베스킨라빈스의 골라먹는 재미 앞에서 당황스럽다.
세상의 모든 입맛을 만족시키기 위해
갖가지 색깔과 다양한 맛으로 빛나고 있지만
나에게 열려 있는 수많은 선택들이 반갑지 않다.

선택을 위한 기준이 없기에
취향을 묻는 모든 질문 앞에서 쩔쩔 맨다.

오늘도 별 생각 없이 체리쥬빌레와 아몬드봉봉.

규칙은 딱 하나

내가 좋아하는 것을 향한 관심을 늦추지 말 것

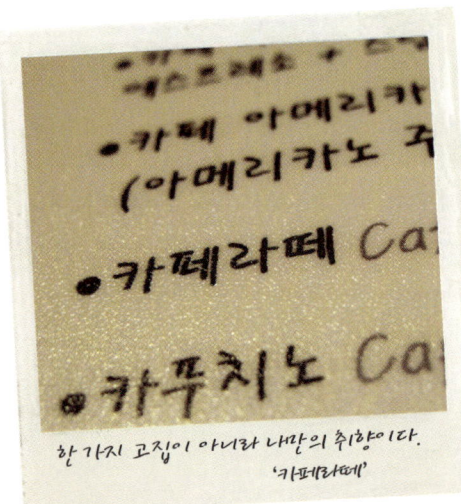

나는 어떤 것에서 즐거움을 느끼는가? 이 물음에 대해 진지하게 고민해본 적이 없다. 좋아하는 색깔은? 좋아하는 음식은? 이런 단순한 취향을 묻는 질문에도 쩔쩔맨다. 어쩌다 하나를 발견하더라도 곧 까먹고 만다. 그것은 순간의 느낌일 뿐, 내 취향이라 이름 붙일 수 있는 것은 아니라 생각했다. 게다가 '취향' 따위의 '고상한' 영역을 갖게 된다는 것이 아무런 이유 없이 부끄러웠다. 그러다가 취향이라는 것이 커피나 패션 스타일과 같은 높은 영역의 어떤 것이 아니라 일상의 작은 느낌일 수도 있다는 생각이 들었다. 이런 생각의 변화는 일상의 작은 것들에 대한 마음가짐을 바꿔줬다.

고흐의 그림이 좋다. (부끄럽게도) 중학교 미술책의 '해바라기' 그림이 고흐의 그림인지 고갱의 그림인지 구분을 못하는 나였다. 그러다가 빈센트 반 고흐가 평생 동생 테오에게 썼던 편지들을 모아놓은 서간집을 보게 되면서 고흐의 그림을 이해하고 좋아하게 되었다. 고흐의 그림을 좋아하기 시작하면서 새로운 것들이 보이기 시작했다. 내 일상의 많은 곳에서 고흐의 그림을 발견하게 된 것이다. 옆자리 동료의 노트북 가방은 '별이 빛나는 밤에'라는 그림으로 디자인되어 있었고, 자주 가는 식당의 데스크 연필꽂이에는 '해바라기'그림이 자리하고 있었다. 10년 지기 친구의 메신저 사진이 고흐의 '밤의 카페테라스'라는 사실을 발견했을 때는 깜짝 놀라기까지 했다. 어느 소설에선가 고흐의 그림이 그려진 커플 우산을 선물했다는 대목을 읽고는 괜히 기분이 좋아졌다.

취향이라는 것은 그저 내가 고흐 그림을 보면 기쁜 것처럼 단순히 '좋다'거나 '즐겁다'는 느낌을 주는 어떤 것일 수 있다. 무엇이든 스스로의 스타일을 찾는 것이 중요하다. 나는 찬 음식보다는 뜨거운 음식이 좋아요. 그래서 회보다는 삼겹살이 더 좋고요, 냉면보다는 국수가 더 좋아요. 저는 향이 나는 음식은 싫어요. 그래서 동남아 음식이 싫고, 특히 일본 간장 냄새가 나는 음식은 별로예요. 이렇게 말할 수 있을 정도로 내 취향을 설명할 수 있으면 된다.

나에게 다가오는 수백만 가지 물건과 수천 명의 사람들, 수십 개의 느낌들 중 나를 기쁘게 하는 어떤 것을 찾아내 기록하다 보면 내 취향을 찾을 수 있을 것 같다. 나를 즐겁게 하는, 내가 좋아하는 리스트는 내 취향이라는 이름으로 하루 이상의 수명을 부여받게 된다. 어느 날 찰나의 순간에 내 곁을 '스쳐' 지나가더라도 그것들이 나에게 주는 느낌을 정확히 기억할 수 있다. 한번에 다가오는 대량 정보들 속에서도 그것들이 갖는 반짝이는 느낌을 찾아낼 수 있다. 끊임없이 내 관심사들을 관찰할 것이고 그것들의 이야기를 기록해야겠다. 모든 대상은 그 자체로 좋거나 나쁜 것이 아니라 그것을 대하는 내 마음가짐에 따라 좋거나 나쁜 것으로 인식된다.

나의 넘버 5

방 정리를 하다가 아주 오래전에 친구가 선물로 준 카세트테이프를 발견했다. 녹음기가 없어 음악을 다시 들어보지는 못했지만, 꾹꾹 눌러 적은 노래 목록에는 10년 전 유행하던 노래들이 적혀 있었다. 그때 기억이 났다. 노래를 듣는 것이 아주 귀했던 시절, 내가 좋아하는 노래 목록을 만들고 카세트테이프에 녹음해 선물로 주는 것이 유행이었다. 녹음기의 재생과 녹음 버튼을 동시에 눌러 반대쪽 카세트테이프에 녹음을 하는 것은 꽤나 손이 많이 가는 작업이었다. 노래가 끝날 때 정확히 끊지 못해 뒤에 흘러나오는 노래의 앞부분이 같이 복사되거나, 탁 하고 녹음기 버튼 누르는 소리가 녹음되면 초보자의 작품이다. 볼륨을 점점 작게 줄여가면서 자연스럽게 다음 곡으로 이어지게 하는 것은 고난도의 기술을 필요로 했다. 이렇게 어려운 상황에서도 내 취향의 노래를 녹음하고 나누는 일을 즐겼다.

그때보다 노래를 구하기도 쉬워졌고, 나눌 만한 노래도 훨씬 많아졌다. 하지만 더 이상 내 취향의 노래를 나누지 않는다. 어쩌다 "내가 좋아하는 노래야" 하고 선물을 받더라도, 컴퓨터의 파일 전송으로 너무 쉽게 주고받을 수 있기에 그때의 감동이 없다. 그보다는 내 취향이라 이름 붙일 노래들을 고르기에는 너무 많은 노래들이 있다. 모든 것들이 내 마음속에 머물지 못하고 흘러가듯이 지나간다. 진짜 좋아하지 못하고 즐기다가 흘려보낸다. 잔뜩 갖다놓기만 했을 뿐 어떻게 이것들을 좋아해야 하는지 알지 못했다. 너무 많은 것이 한꺼번에 쏟아지는 바람에 내 취향을 잃어버린 것은 아닐까 잠시 생각해봤다.

종이를 꺼내들고 요즘 듣는 노래 중 친구에게 선물할 만한 노래 다섯 곡을 뽑았다. 비올 때 듣기 좋은 노래, 노래방에서 부르기 좋은 노래, 나만의 테마를 정하고 노래들을 적어봤다. 질서 없이 내 마음속에 자리 잡고 있던 것들이 자기들끼리 묶음으로 엮이기 시작했다. 그 하나하나의 묶음이 내 취향이 되었다. 취향을 찾기도 어렵고, 그걸 나누는 것은 더욱더 어려운 일이 되어버려 아쉬운 밤이다.

10년 후 내가 살 집 고르기

야근을 하고 집으로 돌아오는 길은 몸도 마음도 무겁다. 무슨 부귀영화를 누리겠다고 이 시간까지 이러고 있는지 새삼 회의가 든다. 그나마 택시를 타고 편하게 집으로 올 수 있는 것으로 마음을 달래본다. 아무리 추운 날씨라도 창문을 연다. 택시 뒷자리에 앉아 밤공기를 들이마시는 것은 야근하는 자들만이 누릴 수 있는 호사가 아니던가. 그렇게 바람을 맞으며 시선은 멍하게 흘러가는 것들에게 고정시켜놓은 채 여러 가지 생각을 한다.

택시를 타고 한남대교를 지나오다 보면 좌우로 도심의 불빛들이 반짝인다. 넓게 넓게 높게 높게. 시선이 닿지 않는 곳에서도 불빛은 빛나고 있다. 이렇게 넓은 땅에, 이렇게 높게 넓게 집이 많은데 나는 못 하나 박을 자리 없다. 내 경제적 목표가 몇 평짜리 아파트를 마련하는 것이라면 너무 우울하다는 생각에는 변함이 없다. 하지만 내 몸 뉘일 수 있는 내 집은 마련하고 싶다. 꼭 아파트가 아니어도 좋다. 아니, 언제 분양하고 언제 재개발하는지 확인해야 하는 아파트가 아니면 더 좋을 것 같다.

내가 살고 싶은 집을 갖고 싶다. 교통은 좀 불편해도 조용한 동네가 좋겠다. 두고두고 땅값이 오르지 않을 동네여도 상관없다. 박완서 선생님처럼 집 앞에 조그만 텃밭도 있으면 좋겠다. 내 서재에는 단단한 책장과 노란 소파를 사다놔야지. 아! 생각만 해도 좋네. 이번 주말에는 부동산에 좀 나가봐야겠다. 내가 살고 싶은 동네 복덕방에 가서 집을 살 사람처럼 내가 살 집을 골라봐야겠다. 그런 집, 사려면 돈이 얼마나 있어야 하려나.

★······ ENERGY

일상에서 탈출하다

우리는 항상 도망을 꿈꾼다. 자신이 원한 삶이든, 어쩔 수 없이 흘러오다 보니까 살게 된 삶이든 간에 현실은 언제나 도망을 꿈꾸게 만든다. 현실을 견딜 수 있는 것은 어쩌면 늘 도망칠 수 있다는 가능성을 품고 살기 때문인지도 모르겠다.
_김혜남, 《서른 살이 심리학에게 묻다》

갑자기 어디론가 떠나고 싶어졌을 때,
내가 찾는 곳은 인터넷 검색창이 아니라 버스 터미널이다.
일단 터미널로 가보면 어디로든 가게 되어 있다.

계획되지 않은 시간에 계획되지 않은 장소에 도착하는 경험은
휴가철 마음먹고 쉬는 것과는 다르다.
우리는 이것을 도망이라 부른다.

어딘가 내 모든 것을 와락 내려놓고 싶을 때
배낭 하나와 외투 하나를 들고 나를 길 위에 세운다.
또다시 떠나고 싶어졌다.

이번 여행에는 바람이 불어주면 좋겠다.

아무 때나 아무 데나 아무렇게나

우리는 늘 도망을 꿈꾼다. 대한민국에서 한 달에 한 번씩 월급이라는 마약을 받아먹고 사는 직장인의 꿈은 딱 두 가지이다. 가까운 꿈 하나. 내일이 휴일이면 좋겠다. 좀 크고 뚱뚱한 꿈 하나. 어느 날 갑자기 보란 듯이 사표를 내던지고 캠핑카를 사서 어디론가 떠나고 싶다. 우리에게는 도망 본능이 있다. 나를 묶어두고 있는 회사로부터, 집으로부터, 친구로부터 벗어나고 싶어 한다. 일상이라는 것이 존재하지 않으니 반복이라는 단어는 찾아볼 수 없는 곳으로 탈출을 꿈꾼다. 이런 일탈은 생각하는 것만으로도 짜릿하고 기분이 좋아진다. 하지만 보통의 운을 가진 평범한 사람이 잘살다가 일상을 벗어던지고 어디론가 훌쩍 떠날 수 있는 기회는 흔치 않다. 그래서 이런 생각들은 그저 작은 가슴에 고이 접어 모셔두기만 하는 꿈같은 이야기로 남아 있다.

도망은 난데없이 이루어져야 한다. 도망의 매력은 아무도 모르는 곳에 아무도 모르게 간다는 것이다. "나, 북한산으로 도망가요!"라고 광고하면서 출발하면 그건 도망이 아니다. 또, 내가 도망이랍시고 갔는데, 아무도 찾지 않는다면 그것도 도망이 아니다. 내가 없어졌다는 것을 사람들이 알되, 어디로 언제쯤 떠났는지, 언제쯤 돌아올지 아무도 모르게 해야 한다. 그런 의미에서 우리가 도망이라는 이름으로 작정하고 아무 때고 계획 없이 떠나는 일은 난데없이 이루어져야 한다. 출발일자도 도착지도 갑자기 정해져야 한다. 금요일 저녁에 급작스럽게 떠나는 정동진 여행도 좋고, 주말 오전에 자리를 털고 일어나 검색창에 당일치기로 검색되어 나오는 곳 중 아무 데나 골라잡아 떠나도 좋다. 도착지는 없이 무조건 출발할 수도 있다. 내 마음이 원하기만 하면 언제고 출발할 수 있어야 한다.

떠나자! 떠나자! 어디로든 일단 떠나자!

　그러니 도망은 의외로 쉽다. 가고 싶을 때, 가고 싶은 곳으로 떠나면 된다는데, 내 마음대로 하면 된다는데, 이보다 쉬운 일이 어디 있겠는가. 아무 때나 모든 걸 놓아둔 채 떠나는 일만큼 쉬운 것은 없다. 여름과 겨울에 딱딱 시간 맞춰 계획하고 떠나는 것보다 훨씬 쉽다. 그동안 우리가 지고 떠나는 배낭이 무거웠던 이유는 한꺼번에 모든 걸 뒤집어엎으려 했기 때문이다. 사표를 써야만, 몇 박 며칠 휴가를 받아야만, 가족들과 시간을 맞춰야만 벗어날 수 있다고 규정해두었기 때문에 아무것도 해보지 못하고 일상 안에 갇혀 있었던 것이다. 어쩌다 한번 찾아오는 기회이니 제대로 즐기고 싶은 것은 당연하다. 그러다 보니 떠나는 마음도 준비도 무거웠다. 우리는 도망의 주기를 더 짧게 가져야 한다. 쌓아놓고 쌓아두었다가 휴가 때 한꺼번에 몽땅 풀어낼 게 아니라 도망을 일상화해야 한다. 아무 때고 떠날 수 있는 자유로움이 있으면 한 달, 한 주, 하루 동안 반복되는 일들에서 조금은 숨통이 트인다. 단단히 굳어버린 듯한 나의 일상이 얼마나 손쉽게 바뀔 수 있는지 알게 된다. 그냥 떠나는 거다. 배낭 하나 메고. 훌쩍.

당일치기 여행

토요일 아침에 눈을 떴는데, 무언가를 해야 할 것 같은 생각이 들었다. 세수를 하고 모자와 선글라스를 챙기고 집을 나섰다. 여행이라는 이름으로 집을 나서지만 목적지도 계획도 지도도 없다. 나의 당일치기 여행은 항상 이런 식이다. 떠나고 싶은 데는 이유가 없다. 아니, 모든 여행은 이유를 갖고 있지만 정확히 정의할 수 없다. 걷고 싶은 것도 이유이고 벗어나고 싶은 것도 이유이다. 떠나고 싶어지면 출발하는 것이 여행이다. 목적지는 중요하지 않다. 혼자 가는 여행이기에 약속도 필요 없다. 계획도 필요 없다. 출발하기만 하면 된다. 출발하고 보니 발이 닿는 곳이 목적지이다. 하늘공원, 동물원, 선유도, 미술관, 북한산, 남이섬, 춘천, 임진각…… 내가 한 발 디딜 마음가짐만 되어 있다면 어디든 갈 수 있다. 가다가 도착하지 못하고 돌아와도 좋다. 돌아오지 못하면 그곳에서 하룻밤을 묵어도 좋다. 그저 마음 가는 대로 가다가 멈추고 싶을 때 멈추는 여행, 먹고 싶은 것을 먹고, 쉬고 싶은 데서 쉬는 여행. 내가 가고 싶은 곳에 가기 위해 서너 시간씩 차를 기다려도 미안할 사람이 없다. 그냥 헤매기 위해서 길을 나선다. 그 망설임과 막막함을 느끼기 위해 떠난다. 아무것도 하지 않고 혼자라는 것만으로도 뭔가 다른 느낌이 든다. 일상과 동떨어진 어딘가에 와 있다는 생각만으로도 아주 가벼워진 느낌이다.

나에게 의미있는 곳, 전망대

갑자기 높은 곳으로 올라가고 싶은 충동을 느꼈다. 특별히 답답하거나 힘들다는 느낌은 아니었는데, 높은 곳으로, 높은 곳으로 올라가고 싶었다. 그렇게 남산 타워(N 서울 타워로 바뀌었더군)를 찾았다. 케이블카를 타고 N 서울 타워에 내렸다. 서울 전망을 보기엔 이 정도의 높이면 충분했지만 더 높은 곳으로 올라가고 싶었다. 전망대까지 올라가려면 7,000원을 더 내고 전용 엘리베이터를 타야 한다. 사실, 남산은 여러 번 왔었지만 전용 엘리베이터를 타고 전망대까지 올라가본 것은 처음이었다. 친구들과 왔을 때는 올라가봤자 뻔하다는 설득에, 그 돈으로 술이나 사 먹자는 유혹에 넘어가 한번도 전망대까지 올라가보지 못했다. 뭐, 그렇게까지 해서 뭘 보겠냐는 거다. 그러나 오늘은 달랐다. 이쯤이면 충분하다는 친구도 없었고, 더 높은 곳으로 올라가고 싶다는 마음에 충동적으로 엘리베이터에 몸을 실었다. 전망대에서 보는 풍경은 내가 생각해오던 것과는 완전히 달랐다. 아니, 사람들은 그 풍경을 보기 위해 오는 것이 아니라 그 느낌을 찾아오는 것이었다. 망원경을 통하지 않고도 서울이 내 발 아래 있다는 게 너무도 또렷하게 느껴졌다. 아, 이 느낌이었구나. 어서 내려가자는 친구도 없기에 몇 시간을 빙빙 돌며 놀았다. 그때부터 높은 빌딩에 대한 막연한 동경이 생겼다. 친구들이 서울은 답답하다며 제주도의 푸른 밤을 그리워할 때에도 나는 빌딩 예찬을 그치지 않는다. 어쨌든 높은 곳은 내가 혼자일 때 가장 편한 곳이다. 그래서 가끔은 목적지를 정하지 않은 채 높은 곳을 향해 출발한다. 때론 높은 아파트 단지 사이에서 설레기도 한다. 항상 그렇지만, 목적지를 정하지 않고 무조건 높은 곳 찾기 여행은 한번도 가보지 못했던 곳까지 나를 데려다 준다. 그리고 계획했던 것보다 항상 더 많은 느낌을 얻고 돌아온다.

Like

:: 혼자놀기 3 ::

내 속에
꼭꼭 숨겨둔
마음상자 열기

"내 속엔 내가 너무도 많아 당신의 쉴 곳 없네"라고 노래하는 사람도 많던데.
나는 내 안에 얼마나 많은 나를 만나보고 있는 걸까.

다른 사람과 만나는 문을 여느라
내 안의 문은 정작 몇 개 열어보지도 못한 채 살아가고 있는 것은 아닐까.

몇 개 열어본 문마저 활짝 열어놓지 못하고
여는 순간 다른 사람들에 의해 닫혀버린 것은 아닐까.
그렇게 내 안은 아직도 시커멓지 않을까.

나를 향한 문을 열어젖히고 내 안의 소리를 듣고 싶다.
내 안에서 반짝 빛나는 나를 향해 웃어줘야겠다.

혼자인 순간 봉인되었던 내 모습이 거침없이 튀어나온다.

자기의 취미를 찾아내어 살려가는 여성은 멋있게 보인다. 왜냐하면 취미란 본래 하찮은 것이고, 또 새침 건전하다고 인정된 것이므로, 남들이 하찮게 여기는 것에 큰 의미를 부여할 안목과 용기도 지닌 여성이기 때문이다. 하찮은 취미 한 가지 살려가고 싶다. 힘든 생활을 극복할 힘, 눈코 뜰 새 없는 직업에서 휴식할 샘터, 저 갓난아기 가슴보다 더 순수한 나 자신만의 정신세계를 갖기 위해서 붓글씨 숙제 하는 꼬마들 옆에 앉아 난초 그림 흉내 내기라도 계속해야지.
_유안진, 〈취미 가진 여성의 멋과 아름다움〉

나의 이야기를 만들다

자기 실종의 시대라고 한다.
너도 나도 자기를 찾기 위해 애쓰고 있다.
나도 그 틈에 끼어 나를 찾아보려고 발버둥친다.

나를 찾으려면 내 인상착의를 알아야 하는데,
무엇을 두고 나라고 이야기할 수 있을까.
잃어버렸다는 것은 갖고 있던 것을 찾을 수 없는 상태인데,
내가 원래 있긴 있었던 것일까?

나를 정확하게 목격한 사람은 누구일까?

제대로 한 가지를 잡고 끈질기게

나이가 들어가면서 새로운 모임에서 사람들을 만나는 걸 꺼리게 됐다. 여러 가지 이유가 있겠지만 그중 하나는 "나는 이런 사람이다"라고 구구절절이 설명하는 자기소개 시간이 싫기 때문이다. 낯선 사람들에게 나를 적당히 드러내 보이는 것이 싫다. 막상 마음먹고 드러내 보이려고 해도 딱히 "나는 이런 사람이오" 하고 드러내놓고 이야기할 만한 거리가 충분치 않아 슬퍼지기도 한다. 그럴 때마다 내가 무엇을 하며 살아왔나 지난 30년을 주르르 되돌아보며 꿰어보지만, 딱히 나를 정의하거나 내가 좋아한다고 내세울 만한 거리를 찾기가 쉽지 않다. 30년 인생이 무의미한 삽질로 바뀌는 순간이다. 요구르트 한 병만큼도 영양가 없는 내 서른 살이 밉기도 하고 후회도 되기도 하고 불쌍하기도 하다. 그래서 아예 그런 자리를 피하게 된다. 그렇게 피하고 피하다가 더 이상 자기소개를 피할 수 없는 상황에 놓이게 되면 개미 소리만 하다가 그냥 자리에 앉는다.

내 이름만큼 내 것이라 칭할 만한 것들이 무엇이 있을까? 사실, 철석 같이 내 것이라 믿고 있었던 이름도 내 것이 아니다. 그저

색연필 한 자루만큼도 뚜렷하지 못한 내 색깔!

사람들이 나에게 '붙여'준 것이지 내 것이 아니다. 게다가 대한민국을 거꾸로 잡고 뒤흔들었을 때 쏟아져 나오는 수많은 강미영이라는 이름표 중에 어느 걸 진짜 내 것이라고 할 수 있을까? 무슨 근거로? 무엇 하나를 두고 나라고 정의하기에는 한참 부족하다. 이럴 때는 《나를 정의하는 기술》이라는 책이 있으면 아주 비싸더라도 한 질 구매하고 싶어진다.

30년 전과 비교하여 더 풍부해진 나의 이야기는 무엇인가? 이 질문에 나는 우물쭈물한다. 쉬지 않고 열심히 살아왔는데 내 이야기는 전혀 풍부해지지 않았다. 나의 이야깃거리를 채워야 한다. 수많은 것들을 모아놓고 나를 이루는 것들을 정리해봤다. 무엇을 갖다 들이대도 내 것이라 할 만한 것들이 빈약하다. 무엇이든 시작하고 그것을 내 것으로 만들어야겠다. 노래를 부르는 것도 좋고, 춤을 추는 것도 좋다. 책을 읽거나 글을 쓰거나, 병뚜껑을 모으는 취미라도 좋다. 한 가지 언어를 꾸준히 익혀 나가는 것도 좋고, 한 가지 운동을 확실히 하는 것도 좋다. 다른 사람들에게 꺼내놓을 만한 나의 이야깃거리면 무엇이든 좋다. 끌리는 대로 이것저것 쫓는 것이 아니라 무엇이든 제대로 잡고 끈질기게 시도해보는 것이다. 나에 대한 고민 없이 그때그때 끌리는 대로 이것저것 쫓다 보니 무엇 하나 제대로 하지 못하는 사람이 되었다. 몰입도 없는 관심사들이 아무것도 할 줄 모르는 서른 살의 무취미 아가씨를 만들어냈다. 나를 설명해내고 구분해낼 수 있는 것이라면 무엇이든 시작해야겠다. 취미라 이름 붙일 수 있는 것들을 많이 만들어야 한다. 내 이야기를 풍부하게 만들어가야 한다.

관심만으로는 부족해

대한민국에서 평범하게 살아가는 직장인 치고 사진에 관심 한번 안 가져본 사람이 있을까. 한때 디카 돌풍이 분 것도 그렇지만, 타고난 예술적 감각 없이도 부단한 연습만으로 멋진 작품을 만들어낼 수 있기 때문이다. 그렇게 구입한 디카가 한 집에 하나씩 없는 집이 없고, 예술 사진을 찍을 목적이 아니라면 디카를 냉장고 문 여닫듯이 쉽게 사용할 수 있는 수준까지 되었다. 하지만 이렇게 많은 사람들의 관심을 받으며 인기를 얻고 있음에도 불구하고 주변을 휘 둘러보면 사진을 잘 찍는 사람은 그리 많지 않다. 사진 찍기를 취미라 자신 있게 이야기하는 사람은 드물다. 왜 그럴까? 어떤 물건이든 행위든, 내 것이라 칭하고 내 취미라 칭하기 위해서는 관심만으로 부족하다. 일정 기간 관심과 노력을 들여 완전히 내 것으로 만들어야 한다. 일종의 마그넷이 필요하다. 그 마그넷 역할을 하는 것이 같은 취미를 가진 사람을 만나는 것이다. 결국 또 관계 속으로 뛰어드는 것이 아니냐고 하겠지만, 취미라는 공통분모를 갖고 새로운 모임에 뛰어드는 것은 가장 재미있는 혼자놀기 중 하나이다. 글쓰기도 그렇고 사진도 그렇고, 책읽기나 댄스까지도 학원을 다니면 다른 이야기가 만들어진다. 꼭 중요한 기술을 익히거나 정보를 얻기 위한 것이 아니다. 같은 관심사를 갖고 모여드는 사람들과의 만남은 매우 흥미롭다. 그러니 같이 배울 친구가 없어도 일단 학원에 등록하는 것이 중요하다.

[취미반]인 이상 스트레스 받지 않고 즐기며 배우는 것이 가장 중요해!

★······ LIKE

시를 좋아하시나요?

시 외우기 딱 좋은 날씨이다. 그런 날씨가 어떤 날씨냐고 묻는다면, 그냥 오늘 같은 날씨라고 대답할 것이다. 시는 어떤 날씨에 읽어도 좋기 때문에 언제고 내 마음이 시 한 편에 닿는 날이라면 그날의 날씨가 바로 시를 외우기에 좋은 날씨이다. 꽃 피는 봄날에는 무언가를 시작하는 마음으로, 더운 날에는 아무런 기력 없이 늘어진 채, 비 오는 날에는 한껏 분위기 잡고 커피 한잔과 함께 외워도 좋다.

꼭 외워야 한다는 부담 없이도 반복해서 읽다 보면 절로 외워진다. 시 한 편을 A4용지에 옮겨 적은 다음 냉장고에 마그넷으로 붙여놓고 물을 마시러 갈 때마다, 화장실에 갈 때마다 생각나지 않는 구절을 되짚어본다. 베개 옆에 시집 한 권을 두고 읽다가 눈을 감고 외다가 그대로 잠이 든다. 그러다 문득 잠이 깨면 다시 시를 머릿속으로 외워본다. 아무 할 일 없이 늘어져 있는 주말에 시 한 편을 외운다면 충분히 의미 있는 하루가 되리라.

우리나라에서 가장 유명한 김소월의 〈진달래꽃〉 전문을 외고 있는 사람은 몇 명이나 될까? 천상병의 〈귀천〉, 유치환의 〈바위〉, 윤동주의 〈서시〉를 외고 있는 사람은 얼마나 될까? 아니, 아무 시든 '나만의 시'라 일컬어질 한 편의 시를 줄줄 욀 수 있는 사람은 얼마나 될까? 기껏해야 후렴구를 외는 수준이 아닐까 싶다. 내가 그러니까. 어린시절부터 수도 없이 들어왔던 시들, 내가 잘 알고 있다고 자부하던, 그래서 아는 척했던 시들을 내가 외우지 못한다니! 굳어가는 내 기억력을 되살리기 위한 것도 아니고, 누구 앞에서 자랑하기 위한 것도 아니다. 그저 내 안에 하나의 이야깃거리를 채우기 위한 취미 생활로 시를 읽고, 외우고, 낭독하고, 적어본다. 시는 읽는 사람의 것이다. 내가 읽고 외면 내 것이 된다. 하나의 음악이 연주할 때마다 다른 곡이 되는 것처럼, 그리하여 작곡한 사람이 아니라 연주하는 사람의 것이 되는 것처럼, 시도 읽고 외고 낭독하는 사람의 것이 된다. 한

마디로 쓴 사람 따로, 주인 따로인 셈이다. 누군가 아주 잘 쓴 시가 있다면 내 느낌으로 외워보자. 그럼 내 거다. 누가 뭐래도. 아, 그리고 시를 한 편 외고 있으면 여러 모로 유용할 때가 많다. 볼펜을 사러 문방구에 들어갔을 때 볼펜이 잘 나오는지 확인하기 위해 의미 없는 동그라미를 그리거나 만인의 사인 '사랑해'를 쓰는 대신에 내가 좋아하는 시 한 줄을 적어놓을 수 있다. 우울한 날 한껏 소리 지르고 싶을 때 큰 소리로 욕을 하듯이 시를 낭독할 수도 있고, 아무 종이나 한 장 꺼내서 시 한 편을 죽 옮겨 적으며 글씨 연습을 하는 것도 재밌다. 어느 날 길을 걷다가 내 팔뚝에 문득 무슨 글인가 쓰고 싶어졌을 때, 볼펜으로 단숨에 적어 내려갈 수 있는 시 한 편을 가졌는가? 요즘 나는 《처음처럼 - 신경림의 소리 내어 읽고 싶은 우리 시》를 읽고 있다. 뭐가 뭔지 잘 모를 때는 이렇게 여러 사람의 시를 묶은 책도 좋다. 목차를 죽 보다가 맘에 드는 시를 외우기도 하고, 눈 딱 감고 아무 페이지나 펼쳐 그 시를 외우기도 한다. 곧 까먹을지도 모르겠지만, 그동안 모르면서 아는 척한 게 좀 부끄럽지만 어쨌든 오늘 내가 외울 시는 천상병의 〈귀천〉. 아 좋다.

★······ LIKE

귀천 歸天

천상병

나 하늘로 돌아가리라.
새벽빛 와 닿으면 스러지는
이슬 더불어 손에 손을 잡고,

나 하늘로 돌아가리라.
노을빛 함께 단 둘이서
기슭에서 놀다가 구름 손짓하면은,

나 하늘로 돌아가리라.
아름다운 이 세상 소풍 끝내는 날,
가서, 아름다웠더라고 말하리라

누구에게 권해도 나쁘지 않은 취미는 역시 독서!

문을 잠그면 자유가 보인다

순치된 음식을 먹는 우리 역시 순치된 존재로 살아가야 하는 건 아닐까. 우리 각자가 교육받지 않은 야생의 인간으로 살면서 무슨 사변이라도 일으키자는 게 아니라 물려받은, 원래 있던 그대로의 개성이나 취향 정도는 죽을 때까지 지켜야 하는 건 아닐까.
_성석제, 《농담하는 카메라》

샤워를 하거나 화장실에 앉아 있을 때,
아침에 옷을 갈아입을 때,
남자 친구와 통화할 때,
누구나 방문을 잠근다.

방에서 혼자 커피를 마실 때,
혼자 낮잠을 잘 때,
포도를 씻어다 먹을 때,
나는 방문을 잠근다.

남의 시선보다는
나를 위해 존재하는 것에
익숙해질 것

내 사생활이 없어진 느낌이다. 혼자 살 때에는 방문을 열고 나가도 아무도 없어 휑한 게 싫더니 여러 명이 모여 살게 되니 방에 혼자 있을 때조차 자유롭지 못한 것 같다. 아무것도 아닌 사생활까지 괜히 간섭받는 것 같다. 누가 뭐라는 사람도 없는데 괜히 감시당하는 느낌이 불편하다.

나만의 공간을 찾고 싶다. 그래서 아예 문을 잠가버리기로 했다. 문을 잠그는 데는 두 가지 방법이 있다. 밖에서 잠그는 방법, 안에서 잠그는 방법. 이 두 가지는 차이가 있다. 밖에서 문을 잠그는 것은 감금을 의미한다. 다른 사람에 의해 해제될 때까지 나는 이 문을 열고 나갈 수 없다. 자유를 박탈당하는 것이다. 반대로 안에서 잠그는 것은 자유를 의미한다. 넓고 넓은 세상에서 딱 이만큼의 공간은 내 허락 없이 아무도 들어올 수 없는 내 영역이다. 우리가 사생활을 위해 방문을 잠그는 것은 후자의 의미이다. 문을 잠가놓고 내 영역을 지정해놓는 것이다.

그곳에서 벌어지는 일이란 게 별일이 아니어도 괜찮다. 생각해보면 우리가 문을 잠그는 순간은 그다지 특별할 것도 없는, 일상의 사적인 순간이지 않은가? 샤워를 하거나 화장실에 앉아 있을 때, 혹은 아침에 옷을 갈아입을 때, (결혼을 했든 안 했든) 남자 친구와 통화할 때……. 이런 일들은 다른 사람들도 똑같은 분량으로 갖고 있는 공통된 사생활이 아닌가. 그럼에도 불구하고 우리는 반복되는 그

문을 잠그되 마음은 열어두라!

일상들을 위해 꼬박꼬박 문을 잠근다.

나만의 은밀한 비밀이 필요하다. 우리가 살아가면서 다른 사람에게 들키고 싶지 않은 사생활이 다른 사람과 똑같은 것들뿐이라면 사는 게 너무 시시해진다. 그러니 아무것도 아닌 사소한 일상을 문을 잠가놓고 하는 행동의 범주에 넣어놓고 사생활의 범주를 넓혀보자는 거다. 커피 한 잔을 마셔도 문을 잠가놓고 마시고, 그냥 아무것도 하지 않고 빈둥거리며 방바닥에 널브러져 하루를 보내더라도 문을 잠가놓고 누워 있고, 음악도 문을 잠가놓고 혼자 듣고, 화장하는 연습도 문을 잠가놓고 하고, 아주 교육적인 영화를 볼 때에도 문을 잠가놓고, 컴퓨터 게임도 문을 잠가놓고 하면 내 사생활이 되는 것이다.

문을 잠가두고 방에 가만히 앉아 있다 보면 내가 그동안 얼마나 다른 사람들의 시선에 익숙해져 있었는지를 알게 된다. 눈치 아닌 눈치를 보고, 그들이 나를 어떻게 생각할지 끊임없이 스스로를 관찰했다. 그들과 보조를 맞추기 위해 얼마나 버둥거렸던가. 그런 시선에 익숙해져 있어 아무도 우리에게 관심을 두지 않는 순간에도 누군가 우리를 보고 있는 것 같은 느낌을 갖게 되는 것은 아닐까? 남들이 뭐라던 나만의 사생활이 있고 나만의 행동양식이 필요하다. 그런 것들을 사람들 앞에서 자신 있게 꺼내놓지는 못하더라도 내 방에서만큼은, 한 달에 한 번쯤은 모든 걸 탁 풀어놓은 채 하고 싶은 대로 하는 시간이 필요하다.

비 오는 날의 레퍼토리

비 오는 날은 모두가 집에 있고 싶어 한다. 그러다 보니 비 오는 날 집 안 분위기는 우중충한 날씨와 반비례로 들떠 있게 된다. 조용히 감상에 빠져들려고 했던 계획은 수제비 한 솥이나 파전 한 판을 나눠 먹는 레퍼토리로 바뀌게 된다. 항상 집 안 분위기에 휩쓸려 아무것도 하지 않은 채 시간을 보냈다. 그러다가 얼마 전부터 비 오는 날 책 한 권 읽기 캠페인을 하고 있다. 캠페인이라고 해봤자 나 혼자 정하고 나 혼자 실천하는 거다. 비 오는 날 외출하지 않게 되면 아무 책이나 한 권을 정해서 다 읽는 것이다. 당연히 부담 없는 소설이나 에세이를 골라야 한다. 비 오는 날에는 에쿠니 가오리의 소설이 딱이다. 왁자지껄한 거실에서 빠져나와 내 방에 누워 책을 읽는다. 책을 읽다가 졸리면 자고, 일어나면 또 책을 읽고, 그러다 졸리면 다시 자다가 일어나면 또 책읽기를 반복한다. 커피, 국화차, 유자차, 홍차, 녹차, 핫초코 중에서 취향에 맞는 차 한잔을 같이 준비하면 더 좋다. 이때 참고 사항은 우리 집 부엌에 마련되어 있는 차의 종류이다. 내 취향에 맞는 차가 없다면 그냥 보리차 한잔으로 만족! 반드시 따뜻하게! 나 혼자 방에서. 아무도 궁금해하지 않지만. 반드시 몰래! 들키면 다시 거실행이기 때문이다.

리듬을 타는 것이 중요해

춤은 스텝이 아니라 용기이다. 이 말을 실천해보기로 했다. 음악만 나오면 내 마음은 붕 뜨는데, 항상 몸이 말을 듣지 않아 고개만 까딱거리게 된다. 라인댄스, 스윙댄스, 재즈댄스, 살사까지. 몇 번 춤을 배우려고 했으나 내가 몸치라는 사실만 반복해 깨닫고 포기했다. 손과 발의 동기화가 잘 안 돼서 오른손과 오른발이 동시에 움직이는 엉거주춤은 나아지지 않았다. 게다가 나와 춤을 추는 파트너는 마네킹과 스텝을 밟는 것 같은 부담을 느껴야만 했다. 더 이상 사람들 앞에서 춤을 출 수 없는 상태이다. 그렇다고 덩실거리고 싶은 내 본능을 무시할 수는 없다. 혼자 방에 음악을 틀어놓고 씰룩거려봤다. 리듬을 타는 것이 내가 춤을 연습하는 목표이다. 전지현처럼 팔다리를 쭉쭉 뻗어 흔들어대지는 못하지만 제법 흥은 나는 것 같다. 그러다 지치면 핸드폰 충전하듯이 바닥에 드러누운 채 손가락과 발가락만 까딱거리기도 한다. 커다란 움직임 없이도 리듬에 몰입해 둥둥 떠다니는 느낌이 좋다. 오늘은 진 켈리의 〈싱잉 인 더 레인Singing in the Rain〉에 맞춰 방 안을 걸어봤다. 누가 보면 얼쑤 하고 추임새를 넣을 만한 동작이었지만, 나 혼자 신났다. 우리 식구들이 이런 나를 보면 맛이 갔다고 하겠지. 그래도 나는 좋다.

음악·춤! 끼 있는 사람들만의 전유물일 리가 없다.

나는 더듬거리며 걸어가고 있었다. 조바심으로, 비틀거리며, 그러나 무르익기 전에는 나서지 않겠다는 설익은 완벽주의를 내 안에 품고. 하지만 완전한 것이 어디 있을까? 수영을 잘하기 전에는 수영장에 들어가지 않겠다는 식의 각오라니, 배신이 두려워 친구를 사귀지 않거나 이별이 두려워 사랑을 하지 않겠다는 것과 다를 것이 없었다. 비바람을 맞으며 다져지고 상처를 통해 익어가는 불완전한 길 위의 여정이 청춘인 것이다. "자, 머뭇거리지 말고 발을 내딛어."
_이희재 외, 〈머뭇거리지 말고 시작해〉

다 나를 위해서 그러는 거라고? 거짓말!

"다 너를 위해서 그러는 거야"라며
부모님께서는 내가 하고 싶은 일을 못하게 하셨고,
선생님께서는 많은 숙제를 내주셨다.

하지만,
나를 위한다며 시작되었던 그 말들이 없더라도
그리 나쁘지는 않았으리라.

조금 더디고 돌아가더라도
사람들의 충고가 아닌 내 선택에 의한 길을 가고 싶다!

조금 더디더라도,
조금 멀더라도

뜨거운 것을 만지지 마라. 밤에는 일찍일찍 다니라. 이건 이번 시험에 나올 내용이니까 꼭 외워라. 대학 가기 전에는 술 마시면 안 된다. 나를 위한다는 이유로 부모님과 선생님은 나에게 충고했다. 세상의 정답 같은 충고들을 절대 불변의 진리라 믿으며 살아왔다. 이 이야기들은 내가 해야 할 일들과 가야 할 길들을 콕콕 짚어주었고 나는 그 길을 따라 열심히 걸어오기만 하면 됐다. 이제와 되돌아보니 부모님이나 선생님의 말씀이 다 맞았다. 덕분에 나는 괴로워하면서도 인내를 배웠고, 상처 없이 잘 자랐고, 억지로라도 조금씩 유식해졌으며 방황하지 않고 자리를 잡아갈 수 있었다. 그러니까 그들의 말이 맞았다.

하지만, 나는 요즘 그런 생각을 한다. 나를 위한다며 시작되었던 그 말들이 없더라도 그리 나쁘지는 않았을 거라고. 하고 싶은 일을 끝까지 하고, 하기 싫은 일을 끝까지 하지 않았다 해도 크게 달라지지 않았을 거라고. 한번쯤은 숙제를 하지 않고 친구들과 어울려 놀았더라도, 시험 문제 하나쯤은 틀렸더라도 괜찮았을 것 같다. 가출까지는 아니더라도 다시는 돌아갈 수 없는 청소년기의 방황을 조금 해봤어도 지금의 나와 크게 달라지지는 않았을 것이다. 조금 더디고 시간이 걸렸을지 모르지만 나는 이내 내 자리를 찾아 돌아왔을 것이다.

되돌아 생각해보면, 실패 없이 빠르게 올바른 길을 걷길 바라는 어른들에 이끌려 여기까지 온 것 같다. 여러 가지 선택 앞에서 옳고 그름을 판단할 새도 없이 한 길로만 걸어왔다. 그리고 어른들의 이야기를 착실히 들으며 바른길로 들어선 지금의 내가 받은 보상은 '내가 하고 싶은 일을 모르겠다'는 방황이다. 항상 누군가가 선택해주었고 올바른 길을 알려주었기에, 내가 무엇을 원하는지, 어떻게 살아야 하는지, 다른 사람들의 충고 없이는 알지 못한다. 그 속에서 내가 하고 싶은 일을 정확히 알아내는 방법을 모른다. 모든 선택 앞에서 사람들의 눈치를 살피게 된다.

더 이상 내 인생에 내비게이션은 없다. 있다고 해도 그의 말을 듣지 않을 것이다. 앞으로 나는 내가 좋아하는 일을 할 것이고 내 마음이 움직이는 대로 갈 것이다. 그러려면 내 마음이 향하는 방향부터 알아차려야 한다. 끊임없이 내가 좋아하는 것을, 하고 싶은 것을 말하는 것부터 시작해야 한다. 지금 나에게 필요한 것은 인생의 내비게이션이 아니라 마음 속 소망 이야기를 혼자 조용히 꺼내볼 수 있는 시간이다.

누군가를 위한다는 것은 내가 원하는 곳으로 그 사람을 끌고 가는 것이 아니다. 그 사람이 선택한 길을 잘 갈 수 있도록 도와주는 것이다. 누군가가 무모한 도전을 한다거나 할 수 없을 것 같은 일을 시작한다고 할 때, 그녀를 위한다는 이유로 말리지 말아야 한다. 정말 그 사람을 위하는 것은 말리는 것이 아니라 응원해 주는 것이다. 아무 이유 없이 혼자 떠나고 싶다는 친구에게 왜 그러느냐고, 혼자는 위험하다고 말릴 게 아니라, 살아 있음을 알 수 있도록 편지를 쓰라며 편지지를 건네주는 게 진짜 그녀를 위하는 것이다. 이걸 아는 데 30년이 걸렸다.

내 마음이 헤매는 길

항상 사람들이 원하는 것을 쫓아다니기 바빴다. 내가 진짜 원하는 게 무엇인지. 내 마음이 어디를 향하고 있는지 들여다보지 못한 채, 그들이 원하는 대로 되는 것이 내가 성공하는 것이라 생각했다. 그냥 어렸을 때부터 그래 왔으니 그게 정답이라 믿으며 살아왔다. 그렇게 열심히 달려가던 어느 날, 그게 모범답안일지는 모르지만 정답은 아니라는 사실을 알았다. 그때부터 내 맘이 원하는 것들이 어떤 건지 살펴보기 시작했다. 내 마음에 떠오르는 하고 싶다류의 생각들을 무조건 적는 연습이다.

머리 감는 대신 모자를 쓰고 회사에 출근하고 싶네. 이번 달엔 적금 넣지 말고 예쁜 옷을 사 입고 싶다. 동생키 딱 5센티미터 잘라서 내 키에 더하고 싶다. 엄마가 행복해졌으면 좋겠는데. 결혼 후에도 내 방이 있었으면 좋겠다. 그 방에는 노란 소파를 갖다놔야지. 사람들 앞에서 작아지지 않았으면 좋겠다. 내가 하고 싶은 일을 잘할 수 있었으면 좋겠다. 그게 뭔지부터 찾아야 하지 않을까? 손톱에 매니큐어를 칠해볼까? 금빛이 좋겠다. 누가 설거지 좀 해줬으면 좋겠다. 같이 저녁 먹자는 전화가 왔으면 좋겠다. 잘 팔리는 책을 쓰고 싶다. 부지런해졌으면 좋겠다. 친구 결혼식과 생리일이 겹치지 않았으면 좋겠다. 뽀얀 피부를 갖고 싶다. 가을에 단풍여행 말고 꽃구경 가는 사람들은 왜 없을까? 코스모스도 예쁜데 말이다. 친구한테 가자고 해야지! 노래방에서 한 시간 동안 부를 레퍼토리를 준비해놔야겠다. 사람들이 점심을 좀 천천히 먹었으면 좋겠다. 체하겠다, 체하겠어. 셀카 잘 나오는 카메라 갖고 싶다. 아무 생각 없이 한 시간만 앉아 있고 싶다. 안경이 헐렁해지지 않았으면 좋겠다. 떡볶이 먹고 싶다. 왼쪽 눈에도 쌍꺼풀이 생겼으면 좋겠다. 30분만 자고 일어나면 기분이 좋아지는 약이 있었으면 좋겠다. 조금 큰 크로스백을 갖고 싶다. 쇼핑몰에 환불 신청한 거 빨리 입금되었으면 좋겠다.

내 마음 속에는 크고 작은 소망들이 엉켜 있다. 당장 이룰 수 있는 것들도 있고, 아주 오랜 시간이 필요한 일들도 있다. 어쩌면 평생 이루어지기 어려운 일들도 있다. 어쨌든 무엇이 나를 자극하고 있는지 끊임없이 살펴보는 것은 중요하다. 내 마음이 뻗어나가는 방향에 대해 진지하게 고민하고 그 안에서 나는 어떤 모습을 하고 있을지 구체적으로 생각해볼 시간이 필요하다. 그래야 다른 사람들의 선택에 휘둘리지 않고 내가 원하는 방향으로 정확히 걸어갈 수 있을 테니까.

아기 엄마, 카페에 가다

햇살이 좋은 주말, 카페에 앉아 있었다. 아기를 포대기로 감싸 안은 젊은 아주머니가 카페로 들어왔다. 아주머니라고 했지만 아기만 안고 있었을 뿐 어쩌면 나보다 나이가 어릴지도 모르겠다. 네다섯 살 된 꼬마라면 몰라도 아기를 안고 카페로 들어오는 풍경은 모두에게 익숙하지 않았다. 그것도 혼자서. 하지만 그녀는 자연스럽게 구석에 있는 2인용 테이블로 가서 자리를 잡았다. 기저귀 가방을 의자 하나에 두고, 아메리카노를 시켰다. 커피를 주문하고 거스름돈을 받아들고 다시 자리로 돌아오는데 동전 세 개가 요란한 소리를 내며 떨어졌다. 아기를 앞으로 안고 있어서 줍기가 쉽지 않았다. 카페에 앉아 있던 사람들이 각자 발밑에 있는 동전을 주워 그녀에게 주었다. 밝게 웃으며 그 동전을 모아서 가방에 넣고 자리를 잡고 앉았다. 다행히도 아이는 한 시간 동안 울지 않았고, 엄마는 조용히 앉아 커피 한잔을 마시고 책을 읽다가 다시 아기를 안은 채 나갔다. 아기를 안고서는 쉽게 들어올 수 없을 것이라 생각했던 곳으로 그녀는 들어왔다. 무엇이 그녀를 이 카페로 오게 했을까? 답은 '그냥 와보고 싶었다' 하나밖에 없으리라. 사람들의 시선을, 불편함을 생각했다면 올 수 없었을 것이다. 불편할 거라며 말리는 남편의 말을 들었다면 그녀는 오늘 카페에 오지 못했을 것이다. 그걸 이길 수 있는 것은 오고 싶다는 마음 하나뿐이다. 그녀의 불편함은 그녀의 선택이었다.

누군가를 위한다는 것은, 무모한 도전 앞에 서 있는 사람에게 위험하다고 불가능하다고 하지 못하게 하는 것이 아니라 더 잘할 수 있도록 도와주는 것이다. 떨어진 동전을 줍고 웃으며 건네줌으로써 아무 일도 아니라고 말해주는 것이다. 그녀를 위한다는 이유로 하고 싶은 일을 하지 못하게 하는 것은 옳지 않다. 하고 싶은 일을 하다 보면 조금 힘들기도 하고 마음 쓰일 수도 있지만, 그 정도는 마음속에 하고 싶은 일을 담아놓는 것보다는 훨씬 쉽고 가벼운 일이다.

★······ LIKE

죽음 후에 오는 것들

모두들 죽게 된다는 것은 알고 있지만, 자기가 죽는다고 믿는 사람은 없어. 하지만 죽음에 대해 좀 더 긍정적으로 접근해보자구. 죽으리란 걸 안다면 언제든 죽을 수 있도록 준비를 해둘 수 있네. 그게 더 나아. 그렇게 되면 사는 동안 자기 삶에 더 적극적으로 참여하며 살 수 있거든.
_미치 앨봄,《모리와 함께한 화요일》

우리는 늘 죽음을 맞이하는 게 서툴다.
항상 준비는 덜 되어 있고,
모든 사람들은 죽기에 너무 이른 때에 세상을 뜬다.

죽기 전에 해야 할 일이 있다면 지금 해야 한다.
항상 죽음을 준비하면서 살아야 한다.
그것만이 조금 덜 허망하게 죽음을 맞이하는 방법이다.

너의 죽음을 기억하라

죽음을 생각할 때 찾아오는 후회들!

옆자리의 가장 친한 동료가 교통사고로 갑작스럽게 세상을 떠났다. 다음 주말에 따로 만나서 많은 이야기를 하자고 했는데, 그 친구가 하려던 말은 끝내 들을 수 없는 말이 되고 말았다. 우리는 주변 사람들의 죽음을, 혹은 나의 죽음을 예견하지 못하기에 너무 쉽게 내일, 다음 주, 다음 달, 내년을 약속한다. 그 약속들은 남아 있는 사람의 후회와 허망함으로 남는다.

죽음의 허망함은 생의 짧음보다는 갑작스러움에 있다. 나이 든 어른보다 젊은 이의 죽음이 안타까운 것 또한 그들의 막 내림을 전혀 예상치 못했기 때문이다. 이곳의 일을 마무리하지 못한 채 황급히 떠나야 하기에 그들의 죽음이 더욱 안타깝다. 그때의 당황스러움이란 한바탕 소꿉놀이를 하던 장난감들을 그대로 버려둔 채 엄마 손에 이끌려 급작스럽게 집으로 돌아가는 어린아이의 그것과 같을 것이다.

우리가 떠나는 순간은 정해져 있지 않다. 그렇기에 내 순서가 아주 멀리 있을 수도 있지만 똑같은 확률로 아주 가까이 있을 수도 있다. 어쩌면 내일 당장 죽음을 맞이할 수도 있는 것이다. 스스로 건강하다고 자부하지만 어느 날 계단에서 구르거나 뜻밖의 교통사고로 갑자기 세상을 등지게 될지도 모른다.

　죽음은 우리가 살아가다가 꼭 한번은 겪어야 하는 사건이다. 언젠가 가야 하는 길이라면, 미리 준비해야 하지 않을까? 게다가 태어날 때처럼 내 순서를 받아 내 차례를 기다리고 있는 게 아니라, 언제 어떤 상황에서 예고 없이 들이닥칠지 모르는 일이니 말이다. 영정 사진을 찍거나 입관 체험까지는 아니어도 유언장을 쓰는 정도의 준비는 해두어야겠다. 그렇게 그때의 마음을 조금씩 연습해둔다면 어느 날 갑자기 죽음이라는 단어 앞에 서더라도 두 손으로 밀어내는 시늉을 하며 그것으로부터 멀어지려 애쓰지 않을 수 있을 것 같다.

　죽음을 우리 일상의 아주 가까운 곳으로 데려와야 한다. 그렇게 그때의 마음을 연습해보아야 한다. 혼자일 때, 스스로 자신을 죽여놓아라. 나의 장례식을 상상하고, 내가 죽었을 때 옆에 있을 사람들을 그려보아라. 내가 없어진다면 같이 사라질 풍경들을 그려보고, 그것들을 지키기 위해 무엇을 가장 먼저 해야 하는지 정리하다 보면 내 삶의 우선순위가 정해진다. 그리고 아주 새 사람이 된 것처럼 새롭게 살아가면 된다. 그러고 나면 내 인생에서 무엇이 중요한지 알게 될 것이다. 내 인생이 한 달 남았다면 버리고 싶은 것, 내 인생이 한 달 남았다면 꼭 하고 싶은 것을 하나하나 적어보는 것이다.

　메멘토 모리Memento mori, 너의 죽음을 기억하라. 죽음을 준비하는 것은 언제 들이닥칠지 모르는 죽음을 기억하며 사는 것이다. 죽음을 기억하며, 오늘을 정성껏 살아내는 것이다. 죽음을 준비하는 진짜 목적은 제대로 살기 위해서이다. 오늘 죽기 위해 내가 당장 서둘러 시작해야 하는 일이 무엇이며 지금 단호히 멈추어야 하는 것이 무엇인지 가만가만 되짚어본다. 우리는 살아갈 길이나 깊이에 대한 고민 없이 살아가고 있다. 지금쯤 진지하게 고민해봐야 한다. 나는 무엇을 펼쳤으며 무엇을 두고 떠날 것인가. 삶의 의미를 찾아야 한다.

세상에 남길 마지막 말들

혼자 있는 시간에 유언장을 써보면 사람들과 죽음에 대해 이야기를 나눌 때와는 또 다른 느낌이 든다. 사람들과 함께 쓴 유언장이 웰다잉 유행 속에서 한번쯤 죽음에 대해 생각해볼 기회를 주었다면, 혼자 조용히 적어 내려가는 유언장은 정말 죽음 앞에 서 있는 공포를 느끼게 했다. 나는 죽음 앞에 서 있고, 나에게는 10분의 시간이 주어졌다. 내 육성을 이 세상 사람들에게 들려줄 시간이 딱 10분밖에 없다. 30년이든 80년이든 내 인생의 요점이 10분 안에 정리되어야 한다. 허둥지둥하다가 이 시간을 허비해버릴 수는 없다. 황급한 발걸음을 멈춰 서서 남아 있는 사람들에게 마지막으로 남기고 싶은 말은 무엇인가? 질문 끝.

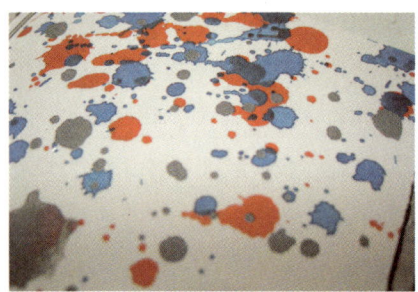

젊은이를 당장 죽여 옆자리에 눕혀놔라. 유언장을 쓸 때에는 '훗날, 가령 내가 여든이 되어 죽는다면?'이란 가정을 하는 것보다 지금 당장 당신을 죽여 눕혀놓고 유언장을 쓰는 게 더 좋다. 내가 살아낼 일생까지 다 고려해서 유언장을 쓰기에는 너무 복잡하다. 내가 이대로 죽어버린다면 가장 안타까울 일이 무엇인가? 내가 이대로 죽어버린다면 이 세상에 일어나지 않을 일에 대해 진지하게 생각해보는 것이다. 내가 꼭 이루고 싶었던 일들이 쏟아져 나온다. "얼굴 예쁘고 키가 아담한 아가씨가 죽어 누워 있다. 이 젊은이가 살아 있었다면"으로 시작하는 문장을 써보자. 유언장은 반드시 자필로 써야 한다. 잘못된 글자를 엑스표로 지우고, 삐뚤삐뚤하더라도 자필로 써라. 내가 이 세상에 남기는 마지막 글이라 생각하고 정성스럽게 한 자 한 자 적어나가는 것이다. 컴퓨터로 쓰면 깜빡거리는 커서가 자꾸 빨리 말을 하라고 다그치는 것 같고, 키보드를 도각도각 누르다 보면 깊은 생각에 빠져들지 못하기 때문이다. 내가 해보니까 그렇더라.

★······ LIKE

사망 기사를 쓰다

유명 연예인이 오토바이 사고로 급하게 생을 마감하던 날 아침, 온 세상이 떠들 썩했다. 모든 일간지 1면에 관련 기사가 실리고 추모 방송이 흘러나왔다. 일대기를 담은 다큐멘터리도 제작됐다. 세상 사람들 모두가 그의 죽음을 기억했다. 한 사람이 죽어서까지 이렇게 뉴스거리가 된다면 특별한 업적 없이도 충분히 의미 있는 삶을 살았구나 하는 생각이 들었다. 물론, 이 또한 곧 잊혀지겠지만 말이다. 그렇다면 사람들은 나의 죽음을 어떻게 기억할까? 내가 이 세상에서 사라졌다는 사실을 알기나 할까? 내 죽음에 대한 기사를 직접 써봤다.

그녀는 91세를 일기로 세상을 떠났다. 이틀 전 갑작스런 마비 증세로 병원에 입원한 그녀는 오늘 새벽 아주 편안하게 숨을 거두었다. 그녀를 아는 사람들은 그녀를 이렇게 기억했다.

이렇게 시작하는 한 페이지의 기사를 썼다. 사람들이 기억해주길 바라는 대로 내 일생을 적어나갔다. 내가 죽음을 맞이했을 때, 신문의 어느 한 면을 장식하고 있을 사망 기사였다. 내가 죽은 후의 일이라 어떻게 정리해야 할지 혼란스러웠다. 내가 어떻게 죽어야 하는지 아주 구체적으로 기록하는 연습이었다. 내가 마지막까지 이루어놓아야 하는 것은 무언인지, 그곳을 향해 정확히 가고 있는지에 대해 진지하게 생각해볼 수 있었다.

내가 죽으면 사라질 풍경들

적다 보면 좀 섬뜩하긴 하지만, 이 주제만큼 내가 살아가야 할 이유를 정확히 말해주는 것도 없다. 이 질문은 내가 지금을 잘 견뎌내고 참아내야 하는 이유가 무엇인지 진지하게 이야기해준다.

이렇게 생각하면 쉽다. 색연필 한 세트에 가지런히 놓여 있는 각각의 색연필들은 나름의 의미를 갖고 하나의 세트로 구성되어 있다. 우리는 하나의 색깔도 잃어버리지 말고 모든 색연필들을 잘 챙겨 다녀야 한다. 그런데 어쩌다가 파란색을 잃어버린다면, 때에 따라서는 조금 진한 남색이 그 색깔을 대신하여 채워줄 수 있겠지만 파란 하늘의 느낌을 담은 그림을 그릴 수는 없다. 파란 하늘을 그리고 싶을 때마다 잃어버린 파란색 색연필이 생각날 것이고, 빈자리가 느껴질 것이다. 나에게도 이렇게 유일하게 나만이 만들어낼 수 있는 풍경이 있을까?

내가 죽더라도 아무 일 없다는 듯이 잘 돌아갈 이 세상을 생각하면 조금 화가 난다. 반대로 사람들이 아주 오랫동안 나의 죽음을 괴로워하며 아무 일도 하지 못하는 것도 슬프다. 내가 지금 할 수 있는 일은 지금의 평화를 오랫동안 지켜나가는 것이다. 그러기 위해서는 내가 지켜야 하는 것이 무엇인지 정확히 알아야 한다. 만일 내가 죽는다면 나와 함께 사라질 풍경은 어떤 것인가? 내가 목숨 걸고 지켜야 하는 풍경은 어떤 것인가? 매일 아침 우리 엄마에게 전화하는 딸, 비가 오는 수요일이면 잠실 포차로 불러내 소주 한잔을 기울이는 친구…… 이런 모습들을 지키는 것은 내게 우주의 평화를 지키는 것보다 중요한 일이다. 아주 구체적인 사건을 통해 내 삶에 의미를 부여하는 방식이기도 하다.

이 풍경 속의 나는 다른 사람이 대신할 수 없는 유일한 나라고 할 수 있다. 이것만이 내가 열심히 살아가는 유일한 이유이다. 내가 죽는다면 사라질 풍경들을 이 세상에 계속 존재하게 하기 위해, 이 풍경들을 지켜내기 위해 더욱 열심히 살아야 하는 거라고 나는 나에게 힘주어 말해주었다.

★ ····· LIKE

출근 버스에서 뛰어내리다

일상에서 살아가기 위해 분주히 뛰어다니고 있는 우리네 자신이 결코 참된 자기의 모습이 아니라는 것에 우리 모두는 동감한다. 그저 목숨을 이어나가기 위해서만 애쓴다면 뭔가 허전하다는 것이 우리 모두의 숨길 수 없는 확신이다.
_임어당,〈생활의 발견〉

8시 23분. 버스 안. 출근 중.
봄 햇살이 적당히 버스 안에 드리우고 있었고
나는 반쯤 졸고 있었다.

문득 눈을 떴는데 벚나무에 하얀 불이 붙었다.
"이제 터트려도 되겠습니까?" 하는 벚나무의 물음에
오늘 아침 햇살이 오케이!
그럼 나도 오케이!

출근하던 버스에서 그냥 내렸다.

내가 정해놓은 책임의 짐을
내려놓을 것

자체휴업 간판을 내걸고, 카페로 고고!

나에게 하루라는 시간은 주어졌는데 나의 하루는 없다. 24시간은 누군가에 의해 이미 스케줄링이 되어 있다. 나에게는 항상 책임이라는 또 다른 내가 존재한다. 그 녀석을 하루 종일 따라다니다 보면 하루가 가고 한 달이 가고 일 년이 간다. 회사에 가면 직원으로서 해야 할 일이 이미 쌓여 있고, 그 일을 순서에 맞춰 해야 한다. 그래야 한 달에 한 번씩 월급이라는 마약을 받아 마실 수 있으니까. 일을 마치면 늦지 않게 집으로 돌아와야 하고, 가족들을 위해 청소도 도와줘야 한다. 그게 나이다. 스스로 정해놓고 절대적으로 지켜야 한다고 묶어두고 있는 일들을 책임이라는 이름으로 꾸역꾸역 엮어가는 모습이 꼭 태산을 등에 지고 하루하루를 넘어가는 것 같다.

매일 아침 정상적으로 일어나 출근하고 시간이 되면 퇴근하고, 특별한 목표를 위해 움직이는 (것처럼 보이는) 우리들에게는 목표가 있어야 하는 만큼 재미와 즐거움도 있어야 한다. 내 일상이 책임에 의해서 정해진 대로만 굴러간다면 내 삶은 정말 맛없고 질기기만 할 것이다.

내 기분을 약간은 들뜨게 할 수 있는 무언가가 필요하다. 책임이라는 무거운 돌을 발에 묶은 채 현실의 한가운데에 무겁게 가라앉아 있는 나를 산뜻하게 끌어올려줄 무언가가 필요하다. 모든 책임을 벗어던지고 오늘 하루만은 자체 휴업 간판을 달고, 내가 하루 목숨을 유지하는 것보다 더 중요한 일을 해야겠다. 나의 책임을 모두 벗어던질 수 있었던 단 하루의 시간. 나는 무엇을 하며 시간을 보내면 좋을까? 그런 날 나 혼자서 조용히 찾을 수 있는 공간을 나는 갖고 있을까?

　모든 책임에서 벗어난 하루를 만들고 보면 내가 나를 얼마나 사랑하는지 알 수 있다. 그토록 나를 옭아매던 아빠, 엄마, 딸, 아들, 며느리, 첫째, 사원, 동료, 친구라는 이름보다 '나'라는 이름이 더 중요하다. 나라는 이름으로 오늘 하루를 살아봐야겠다. 모든 것을 내일로 미루고 오늘은 온전히 내 마음대로 즐겨보는 거다.

　그렇다. 나는 아직 내 삶에 대해 싱싱한 애정을 갖고 있다. 앞만 보고 달리고 시간을 쫓고 돈을 잡으려고만 노력하지는 않는다. 가슴 한구석으로는, 내 삶을 촉촉하게 적셔주거나 폭죽처럼 터뜨려줄 신나는 일을 기다리고 있다. 일 년에 한 번쯤은 내가 지고 가야 할 모든 책임을 뒤로 한 채 지하로 떨어지기 직전의 내 마음을 지상 세계로 가볍게 끌어올려줄 무언가를 찾는다. 출근 버스에서 나를 끌어내리는 것은 그때그때 다르다. 좋은 날씨나 파란 하늘, 화려한 립스틱, 거울에 비친 슬픈 내 모습, 혹은 친구의 전화 한 통에 이끌려 출근 버스에서 뛰어내리기도 한다. 이렇게 모든 것에서 풀려나 깃털처럼 가볍게 하루 종일 떠돌다 다시 제자리로 돌아와 보니 내가 걸어가야 할 길이 어디쯤인지도 알겠다. 내려놓았던 짐을 다시 등에 지고 보니 내가 지고 가야 할 책임이라는 짐의 무게가 어느 정도인지도 알겠다. 자, 그렇다면 방황은 오늘 하루로 끝! 내일부터는 내 자리에서 더욱 열심히 살아가야지!

내 속에 꼭꼭 숨겨둔 마음상자 열기 ……★

동물원, 이젠 혼자가는 거야

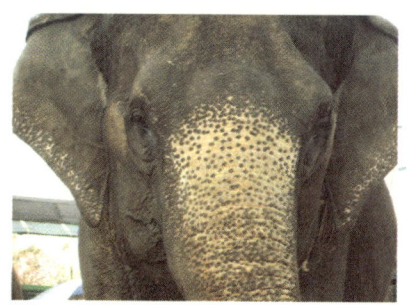

하늘 봤어? 구름 한 점 없이 파래. 가을인가 봐. 친구에게서 문자가 왔다. 출근하기 위해 잠실에서 2호선으로 막 갈아탔을 때였다. 성내역을 지나 지상으로 올라온 지하철에서 내다본 창밖은 정말 파랬다. 잠실철교를 따라 한강을 지날 때에는 소설에서만 보던 금빛 물결이 반짝이고 있었다. 아. 날씨 정말 좋네. 그래. 이런 날 사무실에 가만히 앉아서 일을 하는 건 죄악이야.

그럼 어쩔 건데? 그래도 먹고살려면 출근해야지. 출근 안 하면 어떻게 되는데? 글쎄. 혼자 주고받는 대화 속에서 오늘 해야 할 일과 미팅들을 주르륵 꿰어봤다. 그리고 바로 지하철에서 내렸다. 내일 할 수 있는 일을 오늘 하지는 말자. 내일 할 수 있는 일은 내일 하자. 회사에 전화해 적당히(!) 둘러대고, 반대편 지하철로 갈아탔다. 어디로 가지? 적당한 곳이 떠오르지 않아 지하철에 몸을 실은 채 계속 달렸다. 반대편 지하철로 출근하는 사람들(강남으로 출근하는 사람들)이 훨씬 더 많았다. 그들 틈에 조그맣게 끼어 나는 소풍을 가고 있었다. 조금 전까지만 해도 나도 저들처럼 죽을 맛으로 출근하고 있었는데, 지하철의 방향을 바꿔 타는 것만으로도 이렇게 마음이 가벼워지다니. 내 단순한 감정 변화에 스스로 감탄하고 있었다. 강남역을 지날 때쯤, 사람들이 전철에서 순식간에 빠져나갔다. 이제 나도 목적지를 정해야 한다는 압박이 다가왔다. 지하철 노선도 앞에 섰다. 경마공원. 그래 저기로 가자. 사당에서 4호선으로 갈아탔다. 4호선에서 또 지하철 노선도를 보니, 대공원이 더 좋을 것 같다. 놀이공원에 혼자 갈 수 있을까? 있을까? 있을

★······ LIKE

까? 자신이 없었다. 아. 그럼 동물원은 어때? 미술관 옆 동물원. 그래. 거기 좋다. 혼자 가니까 가다가 생각이 바뀌면 바로 목적지가 바뀌는구나. 히히. 혼자 웃었다. 그리고 나는 어느새 동물원에 도착해 있었다. 어른 한 명이요. 당당하게 혼자임을 알리며 입장했지만 조금은 어색했다. 평일 오전에 사람들이 많지 않은 조용한 공간에 남겨지고 보니 방향감각도 상실한 느낌이었다. 항상 이리로 가자, 저거 먼저 보자, 빨리 가자, 소리에 맞춰 동물원을 돌았는데 오늘은 내가 무얼 해야 하는지 정해줄 사운드가 없었다. 볼 것 많은 동물원에서 뭘 봐야 할지 몰랐다. 내가 그동안 사람들을 쫓아다니느라 얼마나 분주했는지 잠시 반성했다. 그러자 동분서주했던 동물원 구경이 새롭게 다가왔다. 내 마음이 이끄는 대로 발길을 옮겼다. 무얼 하자고 제안하는

사람도 없고, 놓치지 않도록 집중해서 따라가야 하는 일행도 없다. 친구들과 같이 왔을 때는 호흡을 맞추느라, 가족들과 같이 왔을 때는 그들을 살피느라 보지 못했던 것들이 하나씩 내 안으로 들어왔다. 나는 새장에서 하루 종일 놀았다. 코끼리처럼 느릿느릿 움직이는 동물들이 아니기에 수십 가지 동작을 관찰하고 지켜보면서 시간 가는 줄 모르고 서 있었다. 거위는 흰색만 있는 줄 알았더니 검은 거위도 있었다. 매일 즐겨 먹던 닭도 애완용이 따로 있었다. 치킨집 간판에 붙어 있는 펠리컨도 처음 만났다. 큰 부리 속에 물고기를 세 마리씩 집어넣고 먹는 펠리컨은 친구하고 싶은 멋쟁이 중 하나였다. 동물원 입장료 3,000원이면 내 마음은 가벼워진다. 내 마음에도 살랑 가을바람이 불기 시작했다. 이번 가을도 오늘의 시원한 바람을 기억하며 잘 이겨내자. 파이팅!

어느 날 갑자기 휴가가 생긴다면

친구에게서 전화가 왔다. "나 오늘 휴가야. 남편이 애 봐주는데. 하루 종일 놀다 오래. 뭐 하지?" 어느 날 갑자기 주어진 혼자만의 시간에 친구는 당황하고 있었다. 하고 싶은 일이 그토록 많았는데 막상 "맘껏 놀아보세요!"라는 멍석이 깔리고 보니 뭘 해야 좋을지 몰라 우왕좌왕만 하다 하루를 보낸다. 어렸을 때 시험 기간에는 이것도 하고 싶고 저것도 하고 싶고, 평소에는 안 보던 책도 읽고 싶었는데 막상 시험이 끝나면 내가 뭘 하고 싶었는지 모두 까먹고 할 일이 없어 멍해지는 것과 비슷한 상황이다. 어느 날 갑자기 생긴 휴가를 어디에 써먹어야 할지 당황한다. 그렇게 방황하느라 하루를 다 보내기도 한다. 어른들의 놀 거리는 많지 않다. 그러니 언젠가 가보고 싶은 곳이 생긴다면, 해보고 싶은 일을 찾는다면 끊임없이 마음속에 기록하고 모아두어야 한다. 번잡스러웠던 꽃구경을 소풍이라는 이름으로 아무 준비 없이 떠나거나, 아이들이 주렁주렁 달려 있어 평소에는 꿈도 꾸지 못했던, 빠른 재즈 음악이 흐르는 카페에 편안히 앉아 있어보거나, 아무 방해를 받지 않고 서점이나 도서관에서 조용한 시간을 가져보거나, 멋진 길을 걸으면서 저녁 메뉴에 대한 걱정 따윌랑 구겨서 가까운 휴지통에 버리고 오늘은 조금 늦게 집에 들어가도 좋겠다고 생각해보거나, 미술관에 가서 내 느낌대로 그림을 감상해보거나, 친구 회사로 가서 같이 점심을 먹어보거나, 집에 드러누운 채 주말 낮잠보다 두 배로 달콤한 평일 낮잠을 즐겨보는 것도 좋겠다. 어느 날 난데없이 떨어진 휴가. 만나야 할 사람도 정해지지 않았고, 해야 할 일도 정해지지 않은 날. 혼자서 조용히 돌아볼 경로를 정해두는 것만으로도 내 삶은 안정이 된다. 사람들과의 감정 접촉도 그립지만 그보다는 혼자만의 시간이 더 그리운 날, 나는 어디로 찾아가야 할까?

★ ...... LIKE

누군가 그리운 날에는

우리는 고립과 고독을 구분할 필요가 있다. 외로움을 느끼는 고립은 세계와 사회생활로부터 물러남을 의미한다. 반면 고독은 우리가 소통을 필요로 한다는 것을 절실히 깨닫게 만드는 긍정적인 면을 갖는다. 고립이 소통의 단절이라면 고독은 자신의 내외적 세계와의 소통의 필요성이 절실히 느껴지는 상태이기도 하다.
_카타리나 침머, 《혼자 사는 기술》

가끔
화를 내고 싶었고,
울고 싶었고,
아무 말 없이 앉아 있고 싶었다.

그러나
참았고,
웃었고,
많은 말을 했다.

나는 언제나 밝고 명랑한 사람이어야 했으니까.
우울하고 뾰로통한 내 모습은 사람들을 당황하게 할 테니까.

근데, 내가 왜 꼭 그래야 하지?

규칙은 딱 하나

낯선 사람에게 손 내미는 것을 두려워하지 말 것

혼자이기를 꿈꾸지만, 늘 같은 크기로 사람을 그리워했다. 혼자 여행을 하다 보면 누군가 말을 걸어주었으면 좋겠다는 생각이 간절했다. 그러다가 누군가 조금만 말을 걸어도 묻지도 않은 질문에까지 주절주절 대답한다.

외롭고 싶다는 느낌은 '너희들이 알고 있는 내 모습으로부터의 탈출을 원해!'라는 느낌이었다.

가까운 친구에게도 이야기하지 않은 깊은 속내를 꺼내놓기도 한다.

무언가를 더 이야기하고 싶고, 그 사람의 이야기를 궁금해 했다. 혼자 조용히 머물고 싶어서 떠난 여행에서도 사람들을 만나는 일은 언제나 즐거웠고, 한 옥타브 올라간 목소리는 그치지 않고 이야기들을 쏟아냈다. 그토록 벗어나고 싶어했는데, 그곳에서도 나는 관계를 꿈꿨다. 이런 이중적인 욕망이 혼란스러웠다.

몇 번 여행을 다니다 보니 이런 내 마음을 정확히 짚어낼 수 있었다. 내가 원하는 건 고립이 아니라 낯선 사람이었다. 그들의 눈에 비친 낯선 내 모습을 꿈꾸는 것이다. 사람들과 떨어진 혼자를 원한 게 아니라 내 친구들이 알고 있는 나와의 단절을 원한 것이다. 결국 "너희들이 알고 있는 내 모습으로부터 탈출을 원해!"라는 의미이다. 눈빛만 봐도 내 마음을 읽어낼 정도로 나에 대해 잘 알고 있는 사람들에게 비쳐지는, 뻔한 내 모습이 답답하고 불편하다. 새로워지고 싶다.

　내가 원하든 원하지 않든 사람들은 나에 대해 하나의 이미지를 갖는다. 잘 웃는 사람, 꼼꼼한 사람, 보호해줘야 하는 사람, 술 좋아하는 사람……. 사람들은 그들이 정의해놓은 내 모습대로 내가 늘 한결같기를 바란다. 하지만 나는 자주 웃지만 가끔 화를 내기도 하고, 약해 보이지만 혼자의 여행을 꿈꾸기도 하고, 도와주는 걸 좋아하지만 피곤하고 힘들 때는 짜증을 부리기도 한다. 사람들은 그들이 생각하는 모습에서 조금이라도 벗어난 내 행동에 대해 꼬치꼬치 캐묻는다. 왜 그랬는지 설명을 원한다. 가끔은 약 먹었냐며 다시 원래의 나로 돌아와주길 바라기도 한다. 나는 내 이미지에서 한 보도 떨어지지 않은 위치에 늘 같은 모습으로 서 있어야 했다. 내가 무슨 말이라도 하려고 하면 "뻔하지, 뻔해" 하며 내 마음을 지레짐작하고 판단해버린다. 나에 대해 너무 많이 알고 있는 사람들 사이에서 내가 생각하고 행동할 수 있는 범위는 너무 좁다. 내가 꼭 그런 것도 아니고 그래야만 하는 이유 또한 전혀 없는데, 나는 무언가에 묶여 있다. 그런 시선에서 벗어나고 싶다.

　낯선 사람과의 만남에 대한 설렘은 낯선 나를 만나는 것에 대한 기대이다. 어렸을 때 한번쯤은 다른 학교로 전학을 가고 싶어했던 마음과 비슷하다. 새로운 학교에서 새로운 친구들을 만나면 아주 다른 내가 되어 새롭게 시작할 수 있을 것 같은 설렘 말이다. 뻔한 사람들 틈에서 정해진 역할만을 하는 게 답답하다면 낯선 사람을 만나야 할 때이다. 나에 대해 아무것도 모르는 사람들 앞에서 지금의 감정에 충실한 내가 되어보는 시간이 필요하다. 말괄량이 같은 나, 과묵한 나, 잘 들어주는 나, 친절한 나, 유머러스한 나, 쫑알거리는 나, 참한 나, 애교 많은 나. 내 안의 아주 작은 모습을 꺼내어 또 다른 내가 되어보는 것이다. 전혀 내가 아닌 것 같지만, 그 순간은 가장 솔직한 순간이다. 그런 내 모습을 어색해 하지 않을, 나에 대해 아무것도 모르는 사람이 그립다. 낯선 내가 반갑다.

시장에 가면

한때 노량진 고시촌에 살았다. 그때 종종 가던 곳이 고시원 맞은편에 있는 수산시장이었다. 수험생 처지에 회를 사 먹으려는 건 아니었다. 그저 살아 움직이는 것들을 보며 기분 전환을 하기 위해서였다. 옆에서 같이 공부하는 친구들 모두가 경쟁자인 각박한 세상에서, 노량진 수산시장은 목적 없는 이야기를 주고받을 수 있는 유일한 곳이었다. 팔려는 사람은 친절하다. 자신의 물건에 관심을 보이는 모든 사람들에게 적극적이다. 하나를 물으면 옆에 있는 것, 그 옆에 있는 것, 또 그 옆에 있는 것까지 줄줄줄 엮어 설명해준다. 아저씨, 이거 광어 맞죠? 아가씨, 하하. 좌광우도예요. 광어랑 도다리(가자미)는 비슷하게 생겼는데 눈이 왼쪽에 있으면 광어, 오른쪽에 있으면 도다리예요. 요놈은 눈이 오른쪽에 있으니까 도다리죠. 광어는 이거구요.

시장은 이중적이다. 혼자인 사람을 외롭지 않게 하고, 삼삼오오 짝지어온 사람들을 혼자로 만든다. 하나의 물건에 관심을 두면 누구하고든 이야기할 수 있다. 그러다 보면 일행과 떨어져 혼자가 되기도 한다. 시장에서 우리는 모두 아는 사람이기도 하고 모르는 사람이기도 하다. 시장에서는 그동안의 역할과 관계와 지위가 무시된 채 사려는 사람, 팔려는 사람, 구경하는 사람으로만 구분된다. 먹을 것이든 입을 것이든 하나의 물건에 관심을 보이면 팔려는 사람과 관계가 성립된다. 상인과 구경꾼이 진지하게 대화를 시작한다. 이렇게 수많은 관계가 존재하니 시장은 왁자지껄하고 사람 냄새가 날 수밖에 없다. 수산시장, 재래시장, 오일장…… 물건만 잔뜩 있는 곳이 아니라 사람이 있는 시장에서는 말이다.

★······ LIKE

민박집의 2박 3일

섬진강 근처 민박집에 와 있다. 어제 여기에 도착해 이틀째 묵고 있다. 내일까지 여기 있을 계획이다. 이 집에서 가장 마음에 드는 것은 찻방이다. 가건물로 된 찻방은 내 방 왼쪽에 있다. 지리산에서 직접 재배한 녹차를 마실 수 있다. 물론 공짜이다. 아저씨는 차를 많이 마셔야 혈액 순환이 잘 된다면서 나에게 일곱 주전자(일곱 잔이 아니라 일곱 주전자이다!!)의 차를 권하셨다. 그리고 그 일곱 주전자를 세 번씩 우려 마시는 동안 내 이야기를 들어주셨고, 그만큼 아저씨의 이야기를 하셨다. 왜 혼자서 여행 왔냐는 이야기로 시작된 대화는 그 집에 찾아오는 각양각색 손님들의 사연으로 이어졌다. 아저씨가 전라도와 경상도의 사투리를 섞어 쓰는 게 재미있었다. 모르는 사람과 이렇게 오랫동안 깊은 이야기를 하고 있는 나 자신이 신기했다. 오늘 아저씨와 가만히 앉아서 이야기를 하다 보니 가끔은 나를 아주 잘 알고 있는 친구보다 나에 대해 아무것도 모르는 사람이 나를 더 잘 이해해줄 수도 있구나 하는 생각이 들었다.

낯선 곳에서 2박 3일의 여행은 새로운 나를 만나는 여행이다. 나에 대해 아무것도 모르는 사람들과 어울려 일상을 보내다 보면 한번도 드러내지 않았던 나의 새로운 모습을 꺼내놓게 된다. 예전의 내 모습, 앞으로의 내 모습은 중요하지 않다. 오늘 드러내고, 오늘 이야기하는 것들로 사람들은 나를 받아들인다. 그 단순함이 좋다. 나에게 새로운 대본과 새로운 역할이 주어진 느낌이다. 첫 대사로 어떤 말을 해야 할지는 결정되지 않았다. 이곳에서는 내가 마음먹고 꺼내놓는 대로 나는 새롭게 정의된다. 낯선 곳에서 보내는 일상의 설렘이다.

내 속에 꼭꼭 숨겨둔 마음상자 열기 ······★

나를 모르는 당신에게

횡단보도에서 신호를 기다리고 있었다. 20대 초반의 아가씨가 불쑥 얼굴을 들이밀며, 버스 정거장으로 가는 길을 물었다. 나는 왼팔로 큰 도로를 만들고 오른쪽 검지로 횡단보도를 만든 다음 온몸으로 길을 설명해줬다. 감사합니다. 감사합니다. 두 번이나 인사한 아가씨는 친구에게 전화를 걸었다. 내가 찾았어. 내가 물어보고 버스 정거장을 찾았어. 아가씨는 '내가 물어보고'라는 대목에 악센트를 준다. 버스 정거장을 찾아낸 것보다 용기를 내어 누군가에게 물어봤다는 것을 더 기특해 했다. 하긴, 여기서 몇 시간쯤 헤매다 보면 정거장을 찾긴 찾았겠지. 누군가에게 용기 내어 묻는 게 더 어려운 일이긴 하지. 그렇게 생각하며 혼자 웃었다. 처음 여행 갔을 때 길을 몰라 헤매면서도 절대 길을 묻지 못했던 내가 생각났기 때문이다.

한참을 헤매다가, 가게 앞에서 막걸리를 마시던 아저씨들에게 수줍게 여쭤봤다. 그러자 술을 마시던 아저씨 세 명이 모두 한꺼번에 일어나 각자의 방식으로 길을 설명해주셨다. 그때 풍겼던 정겨운 술 냄새가 기억난다. 내가 손을 내밀기만 하면 잡아줄 사람이 아주 많다는 것을 일깨워준 따뜻한 경험이었다. 그리고 오늘 그 경험을 어린 아가씨에게 나누어주었다.

처음에 '혼자 떠나야지!' 마음먹었던 이유는 "수많은 인연들이 기다리고 있어"라는 말 때문이었다. 혼자 떠나는 여행에 대해 설렘 반 걱정 반이던 마음이 9대1 정도로 설렘으로 기울어졌다. 새로운 사람들을 만나는 설렘으로 홀로 떠나는 나의 첫 여행이 시작됐다. 그러나 사람들에게 손 내미는 법을 몰랐던 나는 이틀 동안 혼자 다녔다. 입에서 단내가 날 지경이었다. 제발 누구라도, 아무라도 말을 걸어주면 좋겠다는 마음이 간절해진 후에야 "여행 오셨어요?"라는 말을 건넬 수 있었다. 신기하게도 한번 여행 친구를 만난 이후로는 혼자 여행한 적이 없다. 어디서든 친구를 만나 서로 방향이 맞는 곳까지 여행하고 다시 흩어졌다. 친구를 만나려면 먼저 손을 내밀어야 한다는 것을 알았다. 길을 걸어가는 모든 사람들은 손을 잡아줄 준비를 하고 있다. 용기 내어 손을 내밀기만 하면 된다.

Feel

: 혼자놀기 4 :

누구에게나
혼자이고 싶은
날이 있다

혼자 있고 싶을 때 나는 내 안의 익숙한 동굴 속으로 숨는다.
온전히 나에게만 인정받을 수 있는 공간, 관계, 시간 속으로 들어간다.
그곳에는 내 마음을 돌보는 또 하나의 내가 있다.

일상의 작은 충돌로 아파하고 흔들렸을 내 마음을 안아주어야 한다.
울퉁불퉁하여 제대로 표현되지 못한 나의 감정들을 찾아 보듬어주어야 한다.
아무도 모르게 혼자서 힘들게 앓던 정신적 아토피를 치료해주어야 한다.

누구에게나 조용히 혼자서 돌봐야 할 마음들이 있다.
세상의 모든 것들이 잠잠해졌을 때 우리는 비로소 그 마음을 만날 수 있다.
마음을 질서 있게 재배치하기 위해서는 나만의 휴식이 필요하다.

당신의 고독에 건배를!

이유 있는 반항

사실 인간 역사에서 가장 위대한 발명은
'욕'일지도 모른다. 아주 옛날 원시인들이
모닥불을 피워놓고 둘러앉아 환담하다가
어떤 이해관계로 논쟁이 붙고, 누군가가
화가 나서 상대방을 곤봉으로 내려치려다 대신 욕
한마디하고 나서 분노를 삭였다면, 그래서 그의 생명을
해치지 않았다면, 그것은 인간 역사의 가장 위대한
순간이다.
_장영희, 《문학의 숲을 거닐다》

밥을 먹지 않는다.
대답을 하지 않는다.
아무 때나 울음을 터트린다.
말짱하게 생긴 서른 살 아가씨가
삐딱한 방식으로 화를 표현한다.

혼자 계속 화나 있다.
내 버 려 두 시 오.

내가 분노한다는 사실을 인정할 것

나는 분노를 표현하는 것에 어려움을 느낀다. 대부분의 경우에 내가 화가 났다는 사실을 부정한다. 화나지 않은 척, 괜찮은 척한다. 그러다가 엉뚱한 지점에서 삐뚤어진 방법으로 분노가 표현된다. 원하는 것을 정확하게 이야기하지 못하고 비꼬아 말하거나 빈정거리는 투로 말한다. 울화통을 터트리거나 노발대발 노골적으로 화를 낼 때도 있다. 한번 삐딱선을 타면 배배 꼬인 사람처럼 엉뚱한 곳으로 분노를 표현하기 일쑤이다.

그 원인을 찾자면 아주 어린 시절로 돌아가야 한다. 나는 모든 사람에게 인정받는 사람, 항상 좋은 사람이 되어야 한다고 생각했다. 항상 웃었고, 양보했고, 친절했다. 사람들은 나의, 그런 밝고 긍정적인 모습을 좋아해주었다. 그럴수록 나는 그런 모습만을 더욱 강조하기 위해 노력했다. 나쁜 감정들은 내 주변에 얼씬도 못하게 했다. 어쩌다가 나에게 찾아오더라도 온 힘을 다해 가리고 다녔다. 내 분노를 부정했다. 그렇게 내 분노는 자라지 못했다. 너무도 오랫동안 내 안의 부정적인 감정들을 돌보지 못했다.

서른 살인 나는 열 살 수준으로 분노를 표현한다. 뭐라 한마디만 하면 토라져 밥을 먹지 않거나 제대로 대답하지 않는 식이다. 토라져 있을 때 무슨 일이냐고 묻는 친구가 있으면 "그냥 가만히 내버려둬"라며 버럭 화를 낸다. 밥을 먹지 않거나, 모든 질문에 대한 대답을 "됐어"로 일관할 때도 있다. 마치 어린아이처럼 입을 삐쭉 내민 채 화가 나 있을 뿐이다. 이런 나의 분노는 정확히 내 의사를 전달하지 못한 채 다른 사람에게로 옮아간다. 그렇게 그 사람마저 함께 분노하게 만드는 경우가 많다. 나의 분노는 성숙하지 못했다.

  제대로 화내는 방법을 연습해야 한다. 지금은 순간적으로 끓어오르는 분노를 세련되게 처리하는 방법을 배우고 있다. 내 분노가 어디서 발생했는지 알아차리고 화났다는 사실을 적대감 없이 상대에게 표현할 수 있어야 한다. 꼭 표현되지 않아도 되는 분노라면 내 안에서 적절하게 녹이고 처리할 수 있는 방법을 찾아야 한다. 내 감정을 내 안에서 추스르고 녹여내 정확하게 전달할 수 있어야 한다. 내가 화났다는 사실을 부정하지 말고, 숨기지 말아야 한다. 다행히도 이젠 내가 분노하고 있다는 사실을 잘 알아차린다. 처음 내 분노를 알아차리기 시작한 후 더 쉽게 그것을 알아차릴 수 있게 되었다. 지금이라도 성숙하지 못한 내 분노를 알아차린 것이 다행스럽다. 앞으로도 몇 년은 이런 분노를 안고 살아야 할 것 같다. 나는 조금씩 느끼고 있다. 내 안의 분노가 이제 울음을 멈추고 성장을 시작했음을.

분노하지 않는 법이 아니라 제대로 분노하는 법을 배워야 한다.

소심한 반항

풍선껌이라는 단어를 듣는 것만으로도 기분이 좋아진다. 풍선껌은 씹는 내내 우리를 아주 오래전의 어린 시절로 데려다주기 때문이다. 풍선껌 씹기가 취미라면 좀 웃길까? 누가 뭐라 생각하든 나는 풍선껌을 즐겨 씹는다. 입에서 오물오물 씹어대며 단물을 빨아먹는 것도 좋고, 한순간이라도 입을 놀리지 않으면 금세 질겨지기 때문에 끊임없이 껌을 입 안에서 굴리며 말랑말랑하게 해주는 것도 재밌다. 풍선이 툭 하고 터지는 순간 껌이 얼굴에 얼마나 묻었나를 궁금해하며 혀를 빼서 껌을 다시 입 안으로 거둬들이는 것도. 매력덩어리 풍선껌의 최고 매력은 나를 진정시키는 효과가 있다는 것이다. 내가 풍선껌을 씹는 이유는 풍선을 불기 위해 입을 동그랗게 오므리고 혓바닥을 입 밖으로 살짝 내밀어 껌을 얇게 펴는, 풍선 불기 준비 자세 때문이다. 이때 내 마음은 이미 '메롱'이라는 말을 내뱉고 있다. 열 받게 하는 사람이 앞에서 어정거리고 있을 때 나는 풍선껌을 부는 척 그 사람에게 메롱 하며 혀를 내민다. 나의 소심한 반항이다. 어떤 어르신은 메롱 하는 나를 귀엽다고도 했다. 자기한테 그러는 줄도 모르고 말이다. 어렸을 때 씹었던 '꿀껌', 자신 있게 씹고 30분 후 노래해봐 '츄앤씽', 깨물면 터지는 '부푸러', 과일칩 풍선껌 '와우'. 어쩜 이렇게 이름도 하나같이 씹음직스럽게 만들어놨는지. 멋지다!

★······ FEEL

"당신 옐로카드야!"

점심을 먹기 위해 우르르 몰려나왔다. 마치 여고생들이라도 된 듯이 재잘재잘 할 말을 쏟아내며, 먹잇감을 찾아 돌아다니고 있었다. 뒤에서 걸어오던 옆자리 신입사원이 내게 깡충 다가오며 말했다. "재잘재잘 미영님, 미영님, 제가 읽으면 좋은 책 두 권만 추천해주세요." 읽지는 않아도 사놓은 책은 많아서 풍월 정도는 읊을 수 있다고 생각한 나는 서너 권을 추려서 열심히 설명해주었다. 팀장님이 불쑥 대화에 끼어든다. "그렇게 열심히 읽어서 지금 미영님, 훌륭한 사람 됐어요?" 다정히 걸어가던 세 사람 사이의 화기애애함이 순간 와장창 깨졌다. 헐. 이건 또 뭐니? 오늘 저녁에는 뒤끝 노트를 써야겠다. 꾹꾹꾹. 뒤끝 노트는 에쿠니 가오리 소설에 등장하는 카라의 사탕 일기를 따라 만든 것이다. 카라는 매일 밤 맘에 들지 않는 사람들에게 독약 사탕 처방을 내린다. 나는 맘에 안 드는 사람에 대한 욕을 이 노트에 잔뜩 내뱉어놓는다.

　이 노트를 쓰면서부터 분노를 참을 수 있게 되었다. 오늘도 팀장님이 열 받게 하는 이야기를 했지만 뒤통수 확 때리지 않고 저녁까지 그 분노를 담아놓을 수 있었다. 뒤끝 노트에 쓸 욕을 생각하면서 두 번쯤 웃기도 했다.

　내 뒤끝 노트는 노란색이다. "당신 옐로카드야!" 조만간 빨간 노트도 하나 만들어야 하나? 퇴장 노트.

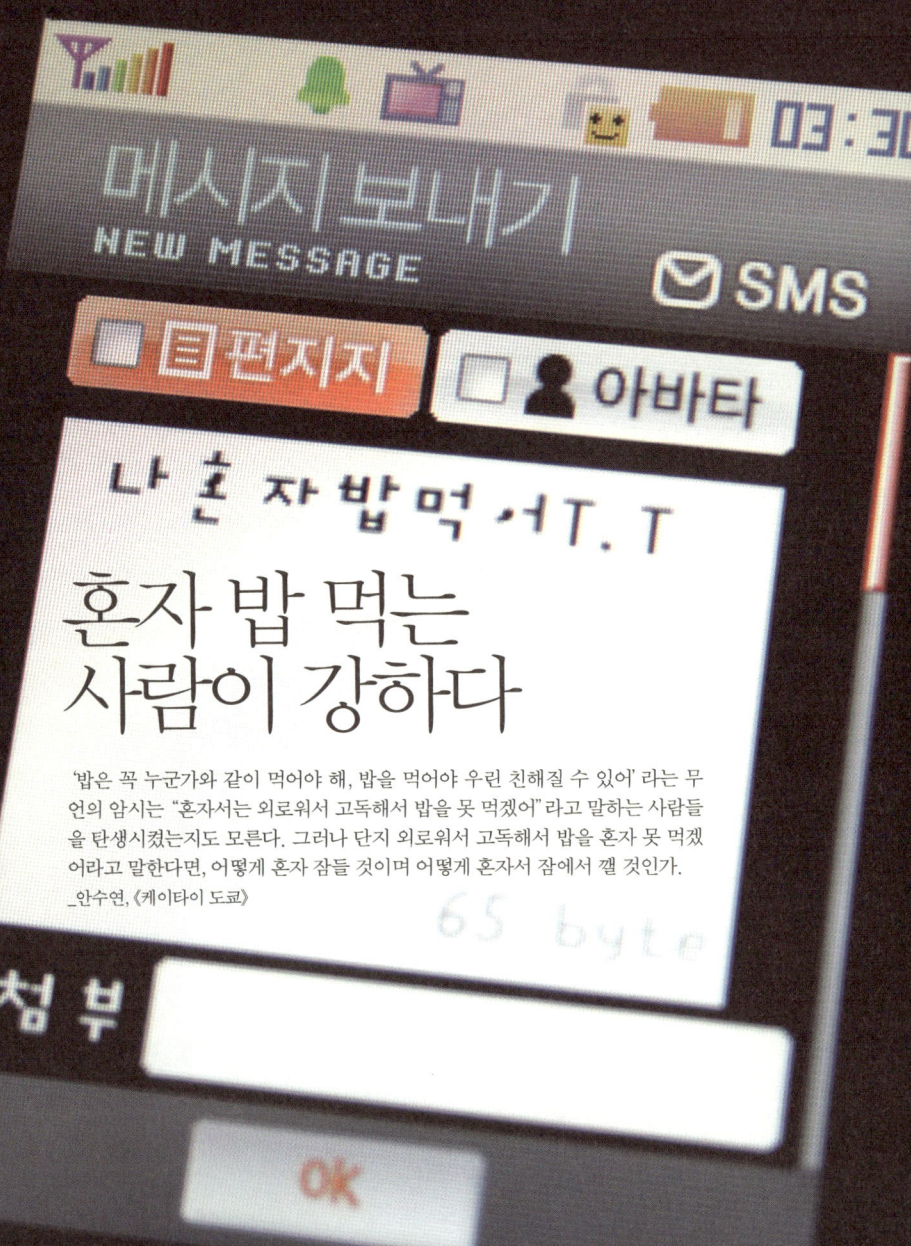

깻잎 김치를 먹을 때,
친구가 젓가락으로 같이 떼어줘야 편하게 먹을 수 있다.

시원한 맥주를 마실 때,
친구가 건배를 해줘야 신나게 마실 수 있다.

깻잎 김치쯤은 왼손으로 떼어 먹을 수 있다.
시원한 맥주쯤은 고독과 친구 삼아 마실 수 있다.

우리에게 필요한 건 손으로 깻잎 김치를 떼어 먹고
양념 묻은 손가락을 아무렇지도 않게 쪽쪽 빨아먹을 수 있는

용
기
이
다
!

그저 밥을 먹을 것
혼자라는 것을 의식하지 말 것

혼자 밥을 먹을 수 있는 능력은 혼자놀기의 기본이다. 단언컨대 혼자 밥을 먹을 수 없는 사람은 절대 혼자 놀 수 없다. 혼자 잘 놀다가도 밥때가 되면 누구든 찾아가야 할 테니까. 하기야 친구와 놀기 위해서라기보다는 혼자 밥을 먹기가 싫어서 주말에 약속을 만드는 친구들도 주변에 많다. 그러니까 혼자 제대로 놀기 위해서는 혼자 밥을 먹을 수 있어야 한다. 매일 하루 세 번씩 꼬박꼬박 반복하는 밥 먹기라는 단순한 일상이 혼자라는 이유로 이렇게 복잡하고 심난한 일이 된다.

혼자 밥 먹기에 대한 이야기는 많다. 밥알을 씹어 넘기는 것을 느낀다느니, 출석부를 부르듯이 반찬 하나하나의 이름을 불러가면서 먹는다느니, 빵을 아침의 빵과 저녁의 빵으로 나눠놓고 먹는다느니. 밥을 떠서 입까지 가져오는, 1미터도 안 되는 거리에서 느끼는 삶의 철학이 기사가 되고 이슈가 된다. 고급 식당에 혼자 가게 되었을 때 어떤 자리에 앉아야 하는가에 대한 노하우나 혼자 가기 좋은 식당에 대해 알려주는 정보는 언제나 인기가 많다. 실제로 혼자 밥을 먹어보면 이런 것들은 다 필요 없다. 혼자라는 것을 의식하기 시작하면 생각해야 할 것도 챙겨야 할 것도 끝이 없다. 그저 '혼자'라는 것을 잊고 '밥을 먹는다'에 집중해야 한다. 그렇다. 중요한 것은 밥을 먹는 것이지, 혼자 먹는 것이 아니다.

자! 다시 원점으로 돌아가 이야기하면, 혼자 밥 먹기에서 어떤 철학적 의미를 꺼내지 않아도 된다. 그러니까 일부러 혼자 밥을 먹기 위해 노력할 필요는 없다. 무언가를 얻기 위해 혼자 밥을 먹는 것이 아니라, 그저 혼자놀기 위해서 혼자 밥 먹는 능력을 키워야 하는 것이다. 필수로 갖춰야 하는 능력이지, 여기서 뭔가를 얻으려는 것이 아니다. 어쩌다 혼자 밥을 먹게 되었을

혼자놀기의 기본은 혼자 밥먹기 아닌가요?

때 어색해하거나 당황하지 않고 잘 먹을 수 있을 정도면 된다. 밥 먹기에 대한 특별한 철학도, 느낌도 없이 그저 먹고 살기 위한 것이라 생각하니 크게 거부감 없이 자연스러운 일이 되었다. 혼자 밥을 먹을 상황을 만들지 않더라도 살아가면서 혼자 밥을 먹어야 하는 경우가 무수히 많다. 혼자 여행을 가고, 혼자 하숙집에 남겨지고, 혼자 토요일을 보내고, 혹은 빨리 무언가 다른 것을 하기 위해서 우리는 혼자 밥을 먹는다. 밥 먹는 것 자체에서 심오한 의미를 찾기 위해서라기보다는 어쩔 수 없는 상황에 떠밀려서, 혹은 혼자 밥을 먹고 다른 일을 하기 위해서 혼자 밥을 먹는 것이다. 밥을 먹어야 하기에 혼자 밥을 먹는 것뿐이다. 혼자놀기에도 학습이 필요하고 과정이 있다면 혼자 밥 먹기 연습만으로도 우리는 혼자놀기의 반 이상을 배운 거나 다름없다.

함께 밥을 먹는 행위 속에는 친근감이 곁들여질 수도 있다. 하지만 그 친근감이 우리가 밥을 먹는 데 꼭 필요한 것은 아니다. 혼자 밥을 먹을 수 없다고 생각하는 사람들은 밥 먹는 것을 사교 활동으로만 본다. "밥이나 한번 먹자"라는 말로 친근감이나 관심을 표시하듯이 밥을 먹는 행위에는 어느 정도 관계의 의미가 포함되어 있다. 밥을 같이 먹으면 친한 사이가 될 수 있다는 생각이 드는 것이다.

거꾸로, 혼자 밥을 먹는 사람을 두고 친구가 없는 외로운 사람이라고 생각하는 것이다. 우리는 이런 시선으로부터 자유로워져야 한다. 혼자 식당에 들어서는 사람을 이상하게 보는 사람은 생각만큼 많지 않다. 세상 사람들은 섭섭할 만큼 내가 어떻게 살아가는지에 관심이 없다. 혼자 밥을 먹든, 여럿이 모여와 시끄럽게 굴든 그들은 자신의 일상을 살아갈 뿐이다. 설령, 내가 혼자 식당에 들어가는 것을 보고 "어머. 저 사람은 친구도 없나 봐. 혼자 다니네"라고 쓸데없는 관심을 보이더라도 그 사람은 이내 나를 잊고 자신의 삶을 살아갈 것이다. 그런 사람들의 시선에 묶여 혼자 밥을 먹을 수 없다면 그 사람 손해인가? 내 손해인가?

혼자 밥 먹는 일은 쉽다. 숟가락의 밥을 온전히 입에 넣을 수 있는 능력만 있으면 혼자 밥을 먹을 수 있다. 혼자 밥을 먹는 일은 핸드폰을 뒤적이며 근처에서 만나 함께 밥을 먹을 만한 친구를 찾는 일보다 쉽다. 애매한 곳에서 만나 재미없는 이야기를 들으며 밥을 꾸역꾸역 채워 넣는 것보다 편하다. 타인의 시선을 의식하지 않고 혼자 밥을 먹을 수 있는 힘을 길러야 한다. 혼자 밥을 먹는 것은 말하자면 혼자놀기 근육을 키우기 위한 보디빌딩과 같은 것이다. 혼자 밥을 먹을 수 있으면 혼자서 무엇이든 할 수 있다. 혼자서 무엇이든 하기 위해서는 혼자 밥을 먹어야 한다. 약속 없는 휴일, 방구석을 탈출해야 하는 이유가 오로지 밥을 먹기 위해서라면 얼마나 우울할까.

점심시간의 일탈

점심시간, 우리의 유일한 고민은 회사와 가깝고, 음식이 빨리 나오고, 적당히 맛있는 저렴한 식당을 찾는 것이다. 집단 탈출이라도 한 것처럼 한꺼번에 몰려나오는 사람들과 경쟁하여 적절한 밥집을 찾아 자리를 잡고 앉는 일은 밥 수저를 들기 전부터 소화가 다 된 것 같은 체력 소모를 요구한다. 제일 짜증이 나는 것은 한 사람이라도 늦게 오면 엘리베이터 앞에서 총총걸음으로 그를 기다려야 하고, 여섯 명이 세트로 찾아간 밥집에서 네 자리밖에 없으면 다른 밥집을 찾아 또 한참을 헤매야 한다는 것이다. 항상 밥 먹기에 앞서 인내심 테스트를 받아야 한다. 그 대열에서 떨어져 나와 혼자 점심을 먹어보기로 했다. "뭐 먹을까?"라는 질문에는 대여섯 명의 의견을 모아놓는 것보다 더 많은 메뉴를 떠올릴 수 있었다. 사실, 사람들과 함께 몰려나오게 되면 뭘 먹어야 이 많은 사람들이 불만을 갖지 않고 적당히 배를 채울 수 있을지, 너무 여러 가지를 살피게 된다. 내가 먹고 싶은 것 따위에 관심을 두고 메뉴를 선택할 수 있는 처지가 아니다. 혼자 점심을 먹을 때에는 뭐든 내 마음대로이다. 회사 근처 작은 골목에 있는 카페로 갔다. 샌드위치와 커피를 시켜놓고 앉았다. 음악을 들으며 원고 기획안을 정리했다. 커피를 파는 곳이라기보다는 간식을 먹기에 더 적합한 곳이다 보니 점심시간 손님은 나 혼자였다. 항상 10분 전에 나와도 1시가 넘어야 회사로 들어갔었는데, 오늘은 여유롭게 먹고도 시간이 남았다. 혼자 밥을 먹으면 다른 사람들이 나를 보면서 수군거리겠지라는 과대망상만 버린다면, 아주 여유로운 점심 한때를 보낼 수 있다. 회사 근처에 혼자갈 수 있는 점심 메뉴를 많이 개발해놔야겠다.

레스토랑에 가고 싶다면

친구들과 신사동 가로수길에 있는 레스토랑에서 스파게티를 먹고 있었다. 아가씨 한 명이 들어와 옆 테이블에 자리 잡고 앉았다. 그 아가씨는 빨간 토마토소스 스파게티를 주문해 먹었다. 처음에는 그 아가씨를 보면서 그냥 앉으려니, 주문하려니, 맛있게 먹으려니 했는데 한참이 지나도 일행이 오지 않았다. 그 아가씨는 혼자 온 것이었다. 와인까지 시켜 먹는 걸 보니 혼자 레스토랑에서 밥 먹기로 작정하고 나온 것 같은데, 많이 긴장한 표정이다. 이래저래 눈치를 살피며 안절부절 못한다. 그 아가씨에게 마음이 쓰이기 시작했다. 아가씨가 자리 잡고 앉은 곳은 창가 쪽 자리도 아니고 가장자리도 아니었다. 모든 사람들의 시선을 한 몸에 받을 수밖에 없는 식당의 가운데 자리였다. 신경 쓰일까 봐 쳐다보지 않으려고 했는데, 계속 시선이 그쪽을 향했다. 아가씨는 혼자 뒤적거릴 잡지나 책도 준

혼자 가는 레스토랑엔 약간의 룰이 필요할 것 같다.

비하지 못해 다른 사람들의 시선을 고스란히 받아들일 수밖에 없었다. 웬만하면 혼자서도 밥을 잘 먹는 나지만, 아직도 혼자 레스토랑에 가는 일은 즐기지 않는다. 혼자 밥 먹을 때는 항상 '후딱' 콘셉트를 추구한다. 사람들의 시선을 의식해서라기보다는 여유롭게 혼자 앉아서 밥을 먹는 일에 별로 매력을 못 느끼기 때문이다. 오늘 혼자서 뻘쭘 식사를 하는 아가씨를 보면서 다음에 레스토랑에 가면 하지 말아야 할 몇 가지를 생각해두었다. 무조건 창가 쪽 자리를 잡을 것, 뒤적일 만한 책을 들고 갈 것, 미리 준비하지 못했다면 레스토랑의 잡지책이라도 옆에 두고 식사할 것, 포크로 먹을 수 있는 음식을 시켜 먹을 것(예전에 치킨 비슷한 음식을 시켜서 손으로 집어 먹었는데, 손에 뭐가 묻으니 책을 보거나 핸드폰을 만지작거리거나 뭘 쓸 수가 없어 불편했다).

만신창이가 된 날에는
거침없이 하이킥

성탄절 날 모두 잠든 바닷가를 홀로 걸으며 외롭다거나 비참하다고 생각하는 대신, '진정한 행복이 이런 것이구나!' 하고 느끼게 하는 힘이란, 돌려 말하면 객관적으로 초라한 날, 주관적으로 감성적이고 우아한 사람으로 보이게 하는 힘과도 같은 것이니, 그것은 바로 외부적으로는 참패했으면서도 속으로는 정복자가 되었다고 생각하는 순간일 것이다.
_정혜윤, 《침대와 책》

분노, 깨어진 가슴, 밟힌 데 치이기, 무능력, 흉보기,
지친 우리를 더욱 힘들게 하는 광란의 회식,
일상의 충돌들, 절대 섞이지 않는 불협화음, 이기주의, 토라짐,
무관심, 오류, 틀어짐, 반대에 대한 또 다른 반대.

하나만 있어도 우울할 것 같은 이 단어들이
머릿속에서 순서 없이 수세미처럼 얽혀 있는 날엔
도대체 뭘 해야 한단 말이냐?

상처받은 나를 더욱
다치게 하지는 말 것

나는 뜨거운 열정보다 따뜻한 온기가 어울리는 사람이다. 무슨 일이든 혼자서 맘껏 빛을 발하며 활활 타오르지 못하고 누구든 가슴에 품어야만 그 사람을 위해 온 힘을 다해 열을 낼 수 있는 사람이다. 말하자면 끊임없이 앞으로 치고 나가는 진취적인 사람이라기보다는 다른 사람을 뒤에서 밀어주는 역할이 더 어울리는 사람이다. 누군가를 밟고 일등이 되는 것보다는 다른 사람과 함께 가는 것이 더 좋고 편하다. 내가 잘 되는 것도 기쁘고 좋은 일이지만 내가 도와준 다른 사람이 잘 되는 것이 더 뿌듯하다.

나의 따뜻한 온기는 현란하고 열정적인 사람들 틈에서 빛을 발하지 못한다. 오히려 나는 그들 틈에서 데고 상처 입는다. 검은 숯덩이마냥 그들의 불타오름을 지켜보고만 있어야 한다. 빠르게 자기 할 말을 하고, 얌체같이 자기 이익을 챙기고, 섭섭할 만큼 솔직한 사람들 앞에서 나는 밟히고 치이고 상처받는다. 꼭 알아주길 바라는 건 아니지만 신경 쓰고 마음 썼는데 무시당할 때, 말할 타이밍을 놓쳐 할 말을 제대로 못했을 때, 욕이라도 한판 하고 나면 괜찮아질 것 같은데 눈만 끔벅거리고 있을 때, 남 잘되는 꼴 보자고 벅벅 기어가며 애쓰다가 혼자 덤터기 쓰게 되었는데 묵묵히 지켜보고만 있어야 할 때, "나도 할 말이 있다고!"라고 버럭이라도 했으면 좋겠는데 이런 내 마음이 말이 되어 나와주지 않을 때, 나는 혼자 끙끙 앓으며 상처를 끌어안는다.

그래서 나는 누군가와 싸움이라도 할라치면 화가 나기보다는 외롭다. 사람들이 내 말을 알아듣지 못해서, 세상이 내 맘 같지 않아서 혼자라는 느낌이 드는 것이다. 내가 다른 사람을 이해하고 노력하는 만큼 다른 사람도 나를 알아주려 하지 않는구나라는 생각이 들 때쯤 마음의 문은 철커덕 소리를 내며 닫히고 만다. 그렇게 내 안을 향한 마음은 스스로를 상처내기 시작한다. 왜 이렇게 할 말을 똑 부러지게 하지 못하는 거냐, 내 잘못이 아니라고 정확히 짚어내지 못하는 거냐고, 왜 이렇게 못나 빠졌냐고, 그러고 나서 '내가 왜 그랬지?' 하는 이런 못난 후회는 또 뭐냐고. 날카로운 말들로 상처를 보탠다. 이래저래 외로웠을 나를 더욱 힘들게 한다.

깨진 달걀은 흔적이라도 남지……
깨진 내 마음은 뭘로 보여줄까?

자기 치유책 하나 없이 살아가기에는 아찔할 정도로 어택이 많은 세상이다. 누구나 세상을 살아가면서 이래저래 상처를 받는다. 돈이 많으면 많은 대로, 잘생기면 잘생긴 대로, 유명하면 유명한 대로 어딘가에 상처받게 마련이다. 누구나 이런 상처로부터의 탈출구 하나쯤은 갖고 있어야 안전하다. 혼자 조용히 기울이는 술 한잔도 좋고, 헬스장에서 운동하는 것도 좋고, 집과 가까운 데 있는 매운 떡볶이집의 떡볶이 한 그릇도 좋다. 어떻게든 세상의 구멍에 빠진 나를 건져 올려줄 것들이 필요하다. 그 구멍의 깊고 어두운 공포 속에서 오랫동안 떨게 두지는 말아야 한다. 다른 사람들에게 받은 상처로 힘겨운 날에는 반성과 후회보다는 위로와 격려가 더 필요하다.

노약자용 엘리베이터에서

10시쯤 일이 끝났을 때가 가장 애매하다. 차라리 12시 넘어서 마무리가 되면 야근 처리로 택시라도 타고 갈 텐데, 10시쯤 끝나면 택시를 타고 가기도 애매하다. 그렇다고 12시를 채울 수도 없고, 전철을 타기도 억울하다. 피곤 백만 근이 어깨 위에 올려져 있다. 이런 날은 회사부터 집까지 엘리베이터가 있었으면 좋겠다. 이래저래 머리를 굴리다가 어쩔 수 없이 전철을 타고 집으로 온다. 잠실역에서 버스로 환승하기 위해 걸어가는 동안 잠시 기분이 업된다. 바로 잠실역 6번 출구 지상으로 올라오는 엘리베이터에 내 몸을 싣는다. 깊은 계단을 따라 오르는 것이 아니라 엘리베이터로 바로 지상에 올라올 수 있도록. 엘리베이터에는 노약자를 위한 것이니 일반인은 우측 계단을 이용해달라는 문구가 쓰여 있다. 하지만 나는 하늘을 우러러 한 점 부끄럼이 없다. 오늘 나는 노약자이다. 몸도 마음도 지쳐 있기 때문이다. 도저히 집까지 걸어갈 힘이 남아 있지 않은 날, 내 피곤을 달래줄 것들이 있어 조금은 위로가 된다.

FEEL

가슴이 답답한 날에는

잠실 야구장이다. 4만 관중의 함성 소리에 묻혀 정신없이 소리 지르고 있다. 이럴 때 보면 야구장은 집단 노래방 같다. 삶은 고구마 오백 개, 분유 열 통, 닭 가슴살로만 백 마리, 바게트 천 개, 삶은 계란 백 판을 한꺼번에 물 없이 먹었을 때처럼 답답답답답했는데, 이제 좀 살 것 같다. 야구장은 보통 친구와 같이 온다. 그런데 오늘은 혼자 왔다. 제대로 소리 좀 질러보고 싶었기 때문이다. 사람들과 같이 오면 이렇게 미친 듯이 소리를 지르지 못한다. 아는 사람이 옆에 앉아 있으면 홈런과 안타만 반복되는 응원가도 소리 없이 마음속으로만 따라 부른다. 몹쓸 소심함이다. 혼자 올 때 경기의 승패는 별로 중요하지 않다. 실제로 응원석도 아무 쪽에나 앉아 응원한다. 사실 야구 경기를 제대로 보고 싶다면 텔레비전에서 해설 위원의 해설을 들으며 하이라이트 장면을 슬로비디오로 꼼꼼히 보는 게 더 좋다. 야구장에 가서 보면 투수가 던진 공이 스트라이크인지 볼인지 제대로 구분도 되지 않는다. 타자석에서 타자가 살랑살랑 흔들어대는 엉덩이나 마운드 위의 투수 얼굴도 잘 보이지 않는다. 그럼에도 불구하고 내가 혼자서 야구장을 찾는 이유는 사람들의 함성이 좋아서이다. 평일 저녁에 야구장을 꽉 메운 사람들을 보면 답답하게 사는 사람이 나만은 아니구나, 저 사람들도 오늘 하루 스트레스를 여기서 풀고 있구나, 다들 말짱한 얼굴로 살아가지만 속은 썩어 들어가는구나. 그렇게 서로를 위로하는 것 같다. 야구장의 소란스러움 속에는 나를 편안하게 하는 무언가가 있다. 이제 야구 시즌이 끝나면 나는 어디서 이 스트레스를 풀어야 할까.

일상의 구멍을 메워라

친구끼리 애인끼리 혹은 부모자식 간에 헤어지기 전 잠시 멈칫대며 옷깃이나 등의 먼지를 털어주는 척하는 일이 중요한 것은 먼지가 정말 털려서가 아니라 아무렇지도 않은 듯한 손길에 온기나 부드러움, 사랑하는 이의 뒷모습까지 아름답기를 바라는 착한 마음을 실을 수 있기 때문이 아닐런지요.
_ 박완서, 〈호미〉

딱딱딱딱딱

지하철역을 바삐 내려가는 구두굽 소리가 신경이 쓰인다.

구두굽이 다 닳아 굽 속의 쇳덩이가 계단과 부딪치며 요란한 소리를 낸다.

매번 갈아야지 갈아야지 하다가도 정작 때가 되면 시기를 놓친다.

그렇게 일상의 구멍 하나가 바쁜 아침 걸음을 더욱 소란스럽게 한다.

엄마랑 같이 살 때에는 엄마가 모두 알아서 챙겨줬던 일상의 한 부분들.

다 닳은 구두굽, 올이 나간 스타킹, 단추 떨어진 블라우스.

그 구멍들을 메우고 나면 엄마의 빈자리가
조금은 채워지는 것 같다.

단단하게. 꼼꼼하게. 바로바로.

아무것도 아닌 일로 아침부터 지친다. 양치질을 해야 하는데 치약이 다 떨어졌다. 말라비틀어진 치약 껍데기를 짜내고 또 짜내느라 아침부터 기운이 빠진다. 며칠 전부터 사다놔야지 사다놔야지 했는데, 생각만 하고 막상 슈퍼 앞을 지날 때면 까맣게 잊어먹는다. 그렇게 분주한 아침에 의도하지 않은 곳으로 내 에너지가 빠져나가고 있다.

우리가 기억하지는 못하지만 사실 이런 일은 종종 일어난다. 머리를 감으러 들어가서 머리를 적셔놨는데 샴푸가 한 방울도 없이 똑 떨어졌을 때 몇 번이고 반복해서 펌프질을 해야 한다. 샴푸통 뚜껑을 열어 손바닥이 시뻘겋도록 반복해서 손바닥에 대고 때려야 할 때도 있다. 샴푸통을 물을 담가놓고 거품을 내어 겨우 머리카락만 씻고 나올 때도 있다. 블라우스를 챙겨 입었는데 밑에서 두 번째 단추가 떨어져 채웠던 단추를 모두 열고 다른 블라우스로 갈아입어야 할 때에도 쓸데없는 곳으로 에너지는 새어 나간다. 멋 부리며 치마에 스타킹을 신었는데 스타킹에 구멍이 나 있을 때도 그렇다. 구두굽이 다 닳았을 때에도 마찬가지이다. 구두가 또각또각 정직한 소리를 내지 못하고 딱딱딱딱딱 쇳소리를 낼 때 조심조심 앞발부터 땅에 닿도록 힘을 주며 걸어야 한다. 아무 일도 아닌데, 마음이 바쁜 아침에는 괜히 나를 지치게 한다. 말끔하게 차려입고 집을 나서기 전에 땀

범벅이 되어버리기도 한다. 이런 일들은 그리 심각한 문제는 아니지만 필요 이상으로 나를 지치게 한다.

이 일들은 단순한 집안일과는 다르다. 매일 필요한 일이 아니고, 벌어지기 전에 항상 예고가 있다. 이를테면 샴푸는 펌프질을 할 때마다 조금씩 양이 줄어들다가 똑 떨어지는 것이다. 문제는 이런 신호들을 무시하고, 때가 될 때까지 미루고 미루는 것이다. 항상 해야지 하면서도 막상 신호가 나타나면 귀찮아하며 아직 때가 안 됐다고, 조금만 더 기다리자고 마음먹는다. 엄마랑 함께 살았다면 문제가 되지 않았을 것들이 혼자 알아서 하려다 보니 오랫동안 마음의 짐으로 남는다. 이렇게 내 일상은 아무것도 아닌 일들로 어질러져 있다.

이런 일들을 마음먹고 하나씩 해치우기로 했다. 떨어진 단추들을 다 모아놓고 바느질을 하고, 구두도 한꺼번에 수리해놓고, 치약도 아침 출근길에 잠깐 슈퍼에 들러 미리 사다놓고, 가방의 영수증들도 날 잡아서 폐기 처분하고, 쌓여 있던 책들도 책장을 사다가 꽂아놓고, 스타킹을 몽땅 꺼내 구멍 난 건 정리했다. 이렇게 하고 보니 일상의 구멍들이 메워진 느낌이다. 기대 이상으로 든든하다. 하고 보니 아무것도 아니었다. 날마다 나를 지치게 하고 마음 쓰이게 하는 것들을 되돌아보니 아무것도 아닌 일들이었다.

내 일상은 아무것도 아닌 일로 어질러져 있었다!

출근길의 평화를 위하여

길을 지나가면서는 아, 여기 구두수선집이 있었네 하고 생각하지만, 막상 구두굽이 닳으면 구두수선집이 어디 있었는지 기억나지 않는다. 회사 앞 구두수선집에 맡기면 점심시간에 냉큼 고쳐 신을 수도 있지만, 구두굽이 완전히 빠지기 전까지는 구두수선집을 찾아야겠다는 생각이 들지 않는다. 그래서 항상 고쳐야 할 시기를 놓치고 나서야 구두를 수선집에 맡기곤 했다. 이번 가을에는 구두를 모두 한꺼번에 수리해놓기로 마음먹었다. 이번 겨울 동안 신을 시커먼 구두들을 한꺼번에 챙겨 들고 구두수선집으로 갔다. 마치 겨울옷을 한꺼번에 세탁소에 맡기듯이. 하고 보니 구두는 한꺼번에 수선하는 것이 훨씬 더 좋은 것 같다. 아저씨는 내 구두를 보며 이런저런 이야기를 해주셨다. 내 구두 중에 내가 가장 아끼는 구두가 가장 좋은 가죽으로 만들어졌다는 것, 나는 걸을 때 왼쪽보다는 오른쪽으로 기울어져서 걷는다는 것…… 구두를 하나하나 수리하는 대신 한꺼번에 맡긴 덕분에 구두 컨설팅을 받을 수 있었다. 점심시간에 급하게 수리를 맡길 때는 얻지 못하는 정보였다. 뚝딱뚝딱 수리된 구두를 신발장에 정리해놓으면서 '전쟁 같았던 아침 시간들이 이제는 조금 평화로워지겠구나' 하는 뿌듯한 마음이 들었다. 이렇게 쉽고 간단한 일을 그토록 무겁게 마음속에 짐으로 담아두고 있었다는 사실이 조금 우습기도 했다.

구두 한 켤레에도 나에 관한 여러 가지 정보가 담겨 있다

★⋯⋯ FEEL

떨어진 단추, 다 모여!

언니랑 자취를 할 때에는 사소한 일에도 싸움이 났다. 언니와 7년 동안 자취를 해본 경험에서 우러나오는 말이다. 우리 자매가 싸우는 이유를 살펴보면 1위가 집안일, 2위가 옷, 3위가 '불 꺼라!'이다.

  내가 설거지를 했네 안 했네, 내가 세탁기를 세 번 돌렸네 어쨌네, 이번에는 쓰레기를 네가 버릴 차례네 아니네. 제3자가 보면 유치할 수도 있는 이런 옥신각신은 모든 자매들의 싸움에 자주 등장하는 단골 이슈이다.

  그런데 집안일을 둘러싼, 이런 분쟁은 언니의 결혼으로 완전히 해결됐다. 언니가 결혼하고 나서도 어찌어찌 다시 한집에 살게 됐지만 예전같이 네 차례 내 차례를 따지며 싸우지는 않는다. 집안일은 전업 주부인 언니가 '주'로 하게 되었기 때문이다.

  그렇다고 모든 문제가 없어진 것은 아니다. 예나 지금이나 언니가 절대 해주지 않는 집안일이 있다. 바로 바느질. 셔츠에 단추가 달랑거릴 때 아쉬운 건 나이다. 언니는 내 옷에 달랑거리는 단추는커녕 떨어진 단추도 신경 쓰지 않는다. 언니와 엄마의 차이를 느끼게 해주는 대목이다.

  예전에 엄마랑 같이 살 때에는 떨어진 교복 단추도 치마 주머니에 넣어두면 어느 틈엔가 제자리를 찾아가 달라붙어 있었다. 언니는 내 블라우스 단추 따위에는 관심을 가져주지 않는다.

  그래. 그렇다면 내가 하는 수밖에 없지. 내가 안 해서 그렇지, 마음먹고 하면 얼마나 잘하는데. 중학교 때 개더스커트 만들기 만점에 빛나는 내가 아니던가.

  오늘은 작정하고 바느질을 했다. 떨어진 단추들 다 모여! 모든 서랍과 주머니를 뒤져 떨어진 단추들을 꺼내놓았다. 바늘에 실을 꿰고 정성스럽게 단추를 달기 시작했다.

헉. 근데 이게 뭔가. 단추 하나를 제자리에 다는 데 27분. 허리가 끊어질 것 같다. 온갖 신경이 손끝과 두 눈에 들어가 있으니 이만저만 힘든 게 아니다. 혹여나 단추가 삐뚤어지게 달릴까 봐 단추를 잡고 있던 왼손도 힘들다. 눈도 아프고 어깨도 아파 검은 셔츠, 코트, 카디건의 단추는 다음에 달기로 하고 바짓고리를 달았다.

단추 하나 달기가 이렇게 힘든 일이었다니. 그래서 언니가 안 해주는구나. 힘들기는 했지만 단추 달기는 나름 재미있었다. 착 달라붙어 있는 단추를 볼 때면 괜히 뿌듯해진다. 당분간은 단추 달기를 내 혼자놀기 아이템으로 정해놔야겠다. 누군가가 단추를 붙이는 순간접착제를 개발해주면 더 좋고.

★······ FEEL

아침 쇼핑

말라비틀어진 치약을 짜내느라 덜 깬 몸에 힘을 줬더니 기운이 쏙 빠진 느낌이다. 왜 아침에 칫솔을 들어야만 치약이 떨어졌다는 사실이 생각나는 걸까. 사실 며칠 전부터 오늘 같은 날이 찾아오리라는 것을 알고 있었다. 그러면서도 미리 대비를 못했다. 며칠 동안 미루고 미룬 결과 오늘은 한 방울도 남기지 않고 치약이 다 떨어졌다. 치약 정도는 언제든 살 수 있다는 생각에 안주하던 나는 오늘같이 분주한 아침, 대략 난감 상태에 빠져든다. 그래서 오늘 아침에는 출근하는 길에 치약을 샀다. 바쁜 아침에 무슨 쇼핑이냐고 할지 모르지만 가끔은 아침 쇼핑으로 필요한 물건들을 산다. 당장 필요한 그 순간에만 생각났다가 조금 있으면 잊혀져버리는 물건들을 사기에는 아침 쇼핑이 딱이다. 아침 쇼핑을 할 때에는 물건을 좀 더 싸게 사기 위해 대형 마트나 시장으로 갈 필요가 없다. 대부분이 가까운 슈퍼나 마트에서 충분히 구할 수 있는 물건들이기 때문이다. 조금 싸게 사는 것보다 당장 구입하는 게 더 중요한 물건들이다. 가전제품, 카메라, 컴퓨터처럼 오랜 고민을 필요로 하지 않고, 샴푸나 세제같이 살 때가 되어야 "뭘 사지?" 하고 고민하게 되는 물건이 대부분이다. 아침에 출근하면서 필요한 물건을 바로 구입해두는 것, 일상의 구멍을 메우는 방법이다.

요즘은 목공일 같은 걸 배워보고 싶은 것처럼 뜨개질 같은 것도 잘 배워둘 걸 하는 후회가 생기기도 합니다.
침묵 속에서 손을 움직여 하는 일들이 주는 명상의 느낌에 매혹되기 시작한 때문이겠지요.
_김선우, 《내 입에 들어온 설탕 같은 키스들》

마음을 안정시켜주는
단순반복 수작업

가끔은 공장에서 일하고 싶을 때가 있다.
아무 생각 없이 손만 움직여도 되는 의식의 진공 상태로 빠져들고 싶다.

너무 많은 생각들을 하고, 너무 많은 것들을 외고,
그러면서도 더더더더더 많은 것들을 알고 싶어 하는 나에게
스스로 지쳐가고 있다.

너무 많은 것들을 머리에 담고 사는 내가 힘겨울 때가 있다.

즐겁게 춤을 추다가
그대로 멈춰라

손만 움직이는 단순반복,
단순함이 통하는 그 순간!

친구들과 갈비집에 갔다가 스카이라이프 채널 맞추는 방법을 몰라 애먹은 적이 있다. 주말 프로그램을 봐야 한다며 유난 떠는 친구를 위해 리모컨으로 채널을 맞추기 시작했다. 일반 채널처럼 채널 번호를 누르면 될 줄 알았는데 800개가 넘는 채널에서 제 채널을 찾는 것은 보통 일이 아니었다. 올리고 내리고 하다가 결국 엉뚱한 광고 채널에서 채널 맞추기를 포기했다. 친구들은 채널 안내 책자가 있어야만 채널을 맞출 수 있다고만 했다. 안 그래도 산만한 갈비집에 텔레비전 채널까지 제대로 맞춰지지 않아 분위기만 더 정신없어졌다. 갈비집 주인에게 미안해서 재빨리 밥을 먹고 나왔다. 한겨울에 땀이 뻘뻘 흐르는 민망한 경험이었다.

생각해보면 예전에는 참 단순하고 살기 쉬운 세상이었다. 신제품이라고 해봐야 냉장고나 텔레비전 정도였다. 문만 열고 닫을 줄 알면 누구나 사용할 수 있는 것들이었다. 텔레비전도 손잡이 모양새만 보면 당겨야 하는지 돌려야 하는지 모두 알 수 있었다. 헌데 요즘은 세탁기 하나를 작동시키기 위해서도 예닐곱 개의 버튼을 순서에 맞게 눌러야 한다. 단순한 일상을 이끌어가는 데도 배우고 학습해야 할 것들이 너무 많다. 분명 국산 제품인데도 영어를 모르면 아예 사용하지 못하는 제품들도 많다.

우리를 편리하게 해주려는 목적으로 만들어지는 물건들을 편리하게 이용하기 위해서는 점점 더 많은 것들을 알아야 한다. 많은 것들을 계속 학습해야 하고, 여기서 뒤처지는 사람들은 '맹'이라는 꼬리표를 단 채 무시당한다. 모든 속도에 맞춰가자니 뇌주름에까지 땀이 찰 지경이다. 그러나 잘 생각해보면 살아가기 위해서 이렇게까지 아등바등할 필요가 없다. 열 살까지 배운 능력만으로도 충분히 살아갈 수 있다. 그런데 우리는 이를 넘어서 더더더더더 많은 것을 하고 싶어 한다. 윤택하게 살아가기 위한 발버둥을 멈추지 않는다.

이렇게 정신없이 살다 보면 가끔은 아무 생각 없이 살고 싶은 순간들이 있다. 너무 많은 것들이 한꺼번에 몰아닥치니 모든 것들을 놓아버리고 싶은 것이다. 세상을 단순하게 만들어줄 무언가가 필요하다. 십자수도 좋고, 비즈도 좋고, 퀼트도 좋고, 단순히 봉투나 인형눈을 붙이는 작업도 좋다. 파란 네모만 무한 반복해서 그리는 것도 좋다. 무엇인지는 중요하지 않다. 단순하게 아무 생각 없이 몰두할 수 있는 일이라면 무엇이든 좋다. 뭔가를 더 배우지 않아도 해낼 수 있는 일이라면 무엇이든 좋다. 무엇이든 혼자 앉아서 손을 꼬물거리는 그 느낌을 주면 된다. 그저 단순함이 통하는 그 순간으로 잠깐 빠져들어 본다. 한순간에 집중하고, 현재에 몰두하는 능력, 아마 최고의 요가 수행자들이 부러워할 능력이리라.

뜨개질, 명상의 또 다른 이름

나는 딱 보는 순간 알아볼 수 있는 활동가이다. 몇 시간 동안 쉬지 말고 뛰라면 하겠는데, 몇 시간 동안 꼼짝 않고 앉아 있으라면 그 자리에서 죽어버릴지도 모른다. 그러니까 내게 한자리에 앉아 몇 시간이고 같은 것을 반복하는 일은 받아들일 수 없는 감금과 같다. 그런 내가 요즘 뜨개질을 시작했다. 어느 책을 보니 매해 겨울마다 목도리 하나를 떠서 자신이 올해의 인물로 정한 사람에게 선물을 준다는 대목이 있었다. 따라 해보고 싶었다. 나도 올해 가장 인상 깊은 사람을 한 명 정해두고 한 해 동안 그 사람과의 추억을 하나씩 되새기며 목도리를 떠보기로 했다. 항상 무엇인가를 시작하려면 크게 일을 벌여야 하기에 빨간색 실도 세 타래를 한꺼번에 구입했다. 그래봤자 얼마 안 가 포기할 것이라 생각했다. 그리고 한 땀 한 땀 뜨기 시작했다. 의외로 재미있었다. 단순한 호기심에서 시작한 일이었는데, 손만 움직여서 하는 무한 반복의 행위가 마치 명상처럼 느껴졌다. 그 느낌에 완전히 빠져들었다. 뜨개질의 매력은 같은 행위의 반복에 있다. 바늘로 실을 꿰어 걸었다가 뺀 다음 다시 집어넣는 동작의 반복이다. 더 이상 많은 생각을 하지 않아도 되는 단순 동작의 반복 속에서 시간은 더욱 빨리 흐른다. 덕분에 많은 생각을 필요로 했던 복잡한 세상에서 잠시 벗어날 수 있다. 열흘 정도만 더 하면 목도리를 예쁘게 포장해서 선물로 줄 수 있을 것 같다. 친구의 반응이 궁금하다.

★······ FEEL

기다림의 권태, 기다림의 흥분

약속 시간에 꼭 늦는 사람들이 있다. 6시 반까지 오라고 했는데 6시 반까지 온 사람은 열 명 중 세 명이다. 슬슬 짜증이 나려고 하는데 친구 한 명이 재미있는 장난감을 들고 왔다. 떼기쟁이라는 완구였다. 커다란 판에서 조각들을 뜯어낸 다음 구멍에 끼워 맞추기만 하면 멋진 작품이 만들어진다. 포장지에는 완성된 작품의 모습이 있고, 판에는 조각들이 그려져 있고, 쉽게 뜯어낼 수 있게 칼집까지 나 있었다. 조각들을 떼어낸 다음 번호를 맞춰 구멍에 끼우니 멋진 성 하나가 완성됐다. 판에서 조각들을 툭 하고 떼어내는 순간의 느낌이 좋았다. 그 순간이 유일하게 힘을 써야 할 때이다. 번호를 맞추기 위해 설명서대로 조각을 늘어놓고 제 구멍에 끼워 넣는 순간이 유일하게 머리를 써야 하는 순간이다. 각자 자신이 맡은 부분을 완성하느라 완전히 몰두하여 시간을 보냈다. 누군가를 기다리는 지루한 시간이 휙 지나갔다. 머리가 아프고 짜증이 나고 화가 폭발하는 이유는 너무 많은 생각을 해서인 것 같다. 이럴 때 단순 동작에 빠져들면 좋다. 하나에 몰두한 순간에는 시간이 빨리 흘러 지루할 틈이 없다. 나는 이런 식의 단순한 장난감을 좋아

한다. 어렸을 때 갖고 놀던 큐빅 게임이나 퍼즐 맞추기 게임도 좋다. 어린이용 장난감 가게에 들어가서 3세 이상 장난감 중에 가장 재밌어 보이는 것으로 몇 개 사두면 머리가 복잡하고 어지러울 때 활용할 수 있다. 언제든 숨 가쁘게 돌아가는 세상에서 잠시 벗어나고 싶을 때면 이런 장난감을 꺼내놓고 단순한 활동 속에 빠져든다. 아무 생각 없이.

조급증에서
나를 구해주는
사랑스러운
고요

이 모든 소란과 안달은 왜일까?
왜 이리도 절박하고 어수선하고 번민하고 고군분투하는 걸까?
그런 하찮은 것이 왜 이다지도 중요해진 걸까?
_쇼펜하우어

엘리베이터 문이 닫히려는 순간 멀리서 누군가 달려온다.
무시하고 닫힘 버튼을 반복해 누른다.
달려온 그 사람이 가까스로 엘리베이터 문을 연다.
아는 사람이다.
나인 줄 알면서도 엘리베이터 문을 닫은 거지?

조급증 때문에 아침부터 민망함에 몸 둘 바를 모른다.

규칙은 딱 하나

가끔은 시간을 먼저 보낼 것

우리를 태운 지구는 너무 빠른 속도로 돌아간다. 옛날엔 십 년이면 강산이 변한다고 했는데, 요즘엔 하루 만에 산이 엎어지고 바다가 갈라지는 세상이다. 가만히 있어도 어지러운 속도이다. 게다가 우리는 이 속도에 맞춰 앞서거니 뒤서거니 뛰어다녀야 한다. 한번에 하나씩 처리하면 뒤처지는 거라며 멀티플레이어로서의 기능을 요구하기도 한다.

모든 도시적인 것들은 내 마음을 급하게 한다. 아무리 시간이 남아도 지하철 계단에서는 뛰어야만 제 시간에 도착할 수 있을 것 같은 망상은 조급증의 초기 증상이다. 지하철 개찰구에서 카드를 한번에 찍어내지 못하고 "카드를 한 장만 대주세요"라는 메시지가 나오게 하는 사람들을 보면 짜증이 난다. 엘리베이터를 타고 올라갈 때는 자동으로 문이 닫히는 시간을 기다리지 못해 닫힘 버튼을 두 번씩 반복해서 누른다. 길어봐야 10초도 안 되는 시간들을 절약해서 어디다 쓰려는 건지. 혼자 중얼거려보지만 같은 상황

급하다, 급해! 혼잡함에 적응하기 위한 발버둥!

이 되면 또 조급증이 발동되어 똑같이 한다.

　모든 게 빠르게 돌아가는 세상은 내가 생각을 정리하고 이야기할 만큼 기다려주지 않는다. 나는 멀미 나는 속도에 적응해야 한다는 일념만으로 꾸역꾸역 생각을 정리한다. 이젠 됐어. 내 이야기를 시작해야지 하고 호루라기를 불면 이미 화제는 다른 것으로 넘어가 있다. 하려던 이야기는 나 혼자 씹어 삼켜야 한다. 혹은 혼자서 뒷북을 치며 생쇼를 하든가. 세상의 호흡을 따라가지 못하고 타이밍을 놓치는 게 어디 사람들 사이의 대화에서뿐이랴. 그럴수록 더욱 급해지고 자꾸 헛발질은 늘어난다. 제 발에 걸려 넘어지기도 한다. 항상 모든 일에 타이밍이라는 것이 있는데 그것들을 자꾸 놓치고 엇박자 시추에이션을 만들어낸다. 내가 느리다기보다는 세상이 너무 빨리 돌아가는 탓이다. 조급증은 몸이 피곤한 만큼 감정과 감각을 피곤하게 한다.

　모든 생각을 멈추는 순간을 갖기로 했다. 삶의 숨 가쁜 이동 속에서 나는 모든 생각을 멈춘다. 5초 단위로 생각이 획획 바뀌면서 이 생각에서 저 생각으로 마구 넘나드는 생활에 지쳤다. 모든 일에 천천히 천천히를 붙였다. 게으름과는 다른 것이다. 필요 이상으로 빠르게 움직이던 생각들을 원래의 속도로 조정하는 작업이다. 몸과 머리의 속도로 따라가느라 온갖 잡동사니들로 가득 차 있는 마음을 비우는 속도이다. 세상의 속도가 너무 빨라 어지러운 순간 모든 것을 멈춰놔야 한다. 함께하면 마음이 침착해져오는 나만의 진정제가 필요하다.

샤워부스에서의 자유

잘 넘어지고 잘 부딪친다. 팔이며 다리는 멍 때문에 말짱할 날이 없다. 문틈에 손톱이 자주 끼이고 발가락은 문과 바닥 사이에 자주 끼인다. 앞서 가는 사람의 구둣발에 발등이 밟히기도 한다. 마음만 급해 앞서 가다 보니 몸이 따라가지 못해 자꾸 부딪친다. 내가 특히 자주 넘어지는 곳은 욕실이다. 욕실에 다 들어서기도 전에 문을 닫아버려 발이 끼이기도 하고, 선반 위에 칫솔을 올려놓다가 세면대에 손가락을 부딪치기도 한다. 그리 급할 일도 없는데 유난히 욕실에만 들어서면 마음이 급해진다. 폼클렌징도 충분한 거품을 내지 않은 채 얼굴을 씻기도 한다. 머리를 감으면서 중간에 양치질을 한다. 발은 대충대충 씻는 날이 많다. 어느 날 퇴근 후 샤워를 하다가 정신이 들었다. 내가 왜 이렇게 성급하게 굴지? 기다리는 사람이 있는 것도 아니고 바쁜 아침 시간도 아닌데. 언제부턴가 나도 모르게 최대한 빨리 씻기 위해 발버둥치고 있었다. 그 사실을 깨닫는 순간부터 모든 일에 제 시간을 들이려 노력했다. 노래를 하며 샤워를 하니 샤워하는 게 조금은 여유로워졌다. 동요도 부르고 트로트도 부른다. 큰 소리로 부를 필요는 없다. 혼자서 흥얼거리며 리듬과 박자만 타면 된다. 가끔은 지르박 스텝을 밟기도 한다. 이제는 거울 속의 나를 들여다볼 여유도 생겼다.

욕실의 울림만 있으면 어떤 노래든 100점!

10분씩 멍하게 있기

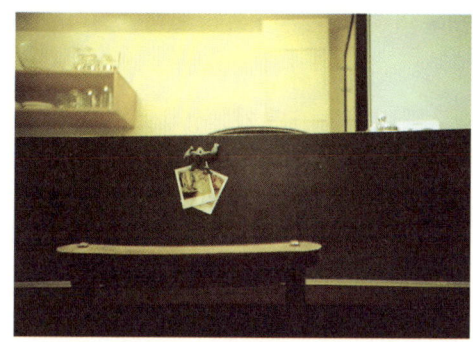

"즐겁게 춤을 추다가 그대로 멈춰라! 웃지도 말고 울지도 말고 움직이지 마!" 어른들이 만들어놓은 노랫가락에 맞춰 움직이거나 멈춰 서 있던 어린 시절의 놀이는 가끔 나를 미쳐버리기 직전에서 구출해준다. 신나게 돌아가던 음악이 멈춘 것처럼 정신없이 흘러가던 내 시간을 딱 멈추게 해주니까.

수행이니 뭐니 너무 어렵다. 요가라는 것도 작정하고 며칠 하다가 집어치우게 되고, 운동도 체조도 불편하다. 그저 아무 생각 없이 의자에 가만히 앉아 있는 것, 아무 생각도 하지 말라는 생각조차 하지 않는 것, 모든 감각을 닫은 것도 아니고 연 것도 아닌 진공 상태에 나를 한동안 놓아둔다. 멍하게 있다고 바보가 되는 것은 아니다. 끊임없이 움직이고 활동하는 세상에서 자기 성찰을 위해 잠깐 멈춰 서는 귀한 기회를 만들어 주기 때문이다.

거짓말처럼 마음이 편안해진다. 세상이 어지럽고 복잡했던 이유가 내 밖의 어지러움 때문이기도 했지만 내 마음이 어지러워 무엇 하나 담을 수 없어서이기도 했다. 이젠 그걸 알겠다. 다른 사람이 아닌, 내 생각으로부터 자유로워질 수 있다. 조금이라도 빠르게 가기 위해 두 손에 꼭 붙들고 있던 것들이 놓아진다. 아무 것도 하지 않는 자신을 견뎌낼 수 있는 능력, 아주 빠르고 바쁜 세상을 살아가는 우리들에게는 자기 안정을 위해 반드시 필요하다.

헛발질하는 날에는

언젠가 제주도에 놀러온 친구가 바다를 보며 말했다. 제주도는 이래서 답답하다고. 어디를 가든 바다가 보이니, 어디를 가든 한계가 보인다고. 나는 생각이 조금 다르다. 어디를 가든 바다가 보이기 때문에 어디를 가든 가능성이 보인다. 어디로든 나아갈 수 있을 것 같다.

이렇게 바다에 대한 생각은 모두 다르다. 어떤 사람에게는 넓고 푸른 바다일 것이고, 어떤 사람에게는 거친 파도가 이는 공포의 바다일 것이다. 바다는 내가 생각하는 대로 느껴진다. 어떤 생각을 갖고 있든 상관없다.

바다에 가면 항상 내가 느끼는 그대로를 볼 수 있다. 바다에는 알 수 없는 힘이 있다. 바다는 깊은 사색의 시간으로 우리를 몰고 간다. 성급하던 마음도 진정이 된다. 파도가 들어오고 나가는 무한 반복 속에서 앞으로 나아가기 위해 발버둥치던 나를 반성하게 된다.

친구와 같이 가도 좋고, 혼자 가도 좋다. 자동차도 좋고, 전철을 타도 좋다. 어쨌든 바다는 나를 조용한 사색의 시간으로 이끌어줄 테니까. 서해의 작은 섬에서 만났던, 저녁노을이 지는 서해의 바다도 좋았고, 나란히 앉은 사람들을 각자의 생각에 빠져들게 했던 동해의 바다도 좋았고, 크리스마스의 제주 바다도 좋았다. 아직 손님 맞을 준비를 마치지 못해 사람들의 발길이 닿지 않았던 6월의 동해 바다도 좋았고, 벚꽃이 어우러져 주름살 하나 없이 젊었던, 잔잔한 늦봄의 남해 바다도 좋았고, 사람들이 다 빠져나간 10월의 서해 해수욕장도 외롭지는 않았다.

어디든 좋다. 성급함에 헛발질이 계속되는 날에는 바다로 가자.

★······ FEEL

!ink

: 혼자놀기 5 :

나와 너
그리고 우리,
마음이 마음에게

아무런 사귐 없이 겉도는 만남이 힘들다.
그의 이야기와 나의 이야기는 그저 한 컵에 담겨 있을 뿐, 섞이지 못한다.
찬물에 녹지 않는 프림처럼 둥둥 떠다니는 어색한 만남들이 계속된다.

나를 풀지 않고서는 다른 사람들과 섞일 수 없다.
성급한 마음에 준비 없이 내 안으로 들였던 사람들은
머지않아 빈껍데기만 남기고 떠난다.
사람들을 만나기 위해서는 설레며 준비하는 혼자만의 시간이 필요하다.

혼자인 시간만큼, 꼭 그만큼만 사람들에게 다가갈 수 있다.

친구들 속에서도 나는 외롭다

외로움이 찾아올 때, 사실은 그 순간이 인생에 있어
사랑이 찾아올 때보다 더 귀한 시간이다.
쓴 외로움을 받아들이는 방식에 따라
한 인간의 삶의 깊이, 삶의 우아한 형상들이
결정되기 때문이다.

_곽재구, 《곽재구의 포구기행》

전화번호 찾기

전체검색

ㄱ, ㄴ, ㄷ, ㄹ, ㅁ……

종료

수많은 친구를 두고도 오늘 만나고 싶은 친구가 없다.

사람들 사이에서 나는 외롭다.

사람들 사이에서 내 자리를 찾을 것

시끌벅적한 사람들 틈바구니에 섞여 있으면 세상으로부터 소외되지 않았다는 안도감이 들었다. 그치지 않고 잡혀 있는 술 약속은 내가 사회생활을 원만하게 잘 이어가고 있다는 증거가 됐다. 날마다 사람들과 술잔을 부딪치며 그들의 이야기를 나의 이야기와 섞어 나갔다. 어쩌다가 그들의 다양한 웃음과 에피소드가 중단될 때 나는 세상에서 떨어져 나온 것 같은 불안함을 느꼈다. 그래서 한없이 그들 속으로 파고들려고만 했다. 나를 버리면서, 나를 잃어가면서, 관계 속으로 관계 속으로만 들어가는 시간을 보냈다.

언제부터 다시 외로워졌는지 모르겠다. 사람들 속에서 외로움을 느꼈다. 약속이 있는 금요일 저녁에도 문득 외롭다는 느낌이 찾아왔다. 끼려고만 하면 어디든 낄 수 있겠지만 의미 없는 만남이 싫었다. 만나자고만 하면 만날 사람들이 있겠지만, 그들 틈에서 속마음과는 다르게 웃어야 할 내가 싫었다. 어떤 칼럼니스트가 썼듯이 "도시라는 일반 명사가 세상에서 가장 쓸쓸한 말"로 느껴지던 저녁이었다. 사람을 만나도 예전의 즐거움과 기쁨은 없었다. 사람 좋아하고 활동적인 나이기에 이런 감정 변화는 당황스러웠다. 나는 핸드폰을 잘 받지 않는 사람으로 공공연히 알려졌고, 매번 못 간다는 연락도 없이 모임에 나타나지 않는 나를 사람들은 더 이상 부르지 않았다. 사람들과 같이 웃으며 놀다가도 쉽게 짜증을 내며 돌아섰다. 사람들과의 단절을 고하는 지점에서 이상한 희열을 느꼈다.

사람들과의 사이가 너무 가까워 오히려 외로웠다. 이웃이 많고 마음만 먹으면 쉽게 사람들을 만날 수 있지만, 시골에 홀로 떨어져 있는 사람들보다 훨씬 더 외로웠다. 어디에도 내 것은 찾을 수 없음에 외로웠다. 너무 빽빽하게 자리를 잡고 있다 보니 우리 사이에는 여백이 없다. 여백은커녕 내 자리라 할 만큼의 공간도 부족하다. 그래서 서로 제자리를 잡기 위해 경쟁한다. 예전에는 내 것도 아니고 네 것도 아니지만, 내 것이기도 하고 네 것이기도 한 공간들이 많았다. 하지만 요즘의 우리들에게는 그런 여백을 찾아볼 수가 없다.

사람들을 깊게 많이 사귀는 것이 중요한 게 아니라 그 속에서 내 자리를 찾는 것이 중요하다. 처음에 사람들을 만나고 새로 이야기를 만들어갈 때에는 내 영역이 넓어지는 느낌이었다. 관계의 양적 성장이 질적 성장으로 이어질 것이라 믿으며 많은 사람들을 정말 '미친 듯이' 만나고 다녔다. 그런데 관계라는 것이 어느 수위에 이르니 더 이상 나를 넓혀주지 못했다.

갑작스럽게 찾아오는 외로움을 잘 보듬어줘야 한다. 그것은 관계 속에서 내 자리를 굳건히 다져가고 싶다는 신호이기 때문이다. 혼자 영화를 보고, 길을 걷고, 비를 맞고, 사진을 찍고, 카페에 앉아 조각 케이크를 먹는 것도 좋다. 사람들에게서 벗어나 내 안의 것들을 단단하게 만들어가는 시간이 필요하다. 가끔씩 찾아오는 이 시간들을 잘 보내고 나면 다른 사람들을 더 힘껏 끌어안을 수 있다. 만날 사람은 많지만 오늘 만나고 싶은 사람이 없는 저녁, 우리는 무엇을 하며 시간을 보낼 것인가? 혼자 있는 시간이 외로움에서 편안함으로 바뀌었다.

나무에서 떨어져나온 나뭇잎. 외로울까? 자유로울까?

혼자 극장에 가다

8년을 사귄 남자 친구와 헤어지면서 내가 치른 이별식은 혼자 영화 보기였다. 함께 영화 보기야말로 암흑이 주는 두근거림을 공식적으로 느껴볼 수 있는 기회이고, 연인들이 가장 먼저, 가장 흔하게 택하는 데이트 코스이지 않은가. 이 일을 혼자 함으로써 완벽한 솔로를 선언했다고 생각했다. 처음 동기가 그랬듯이 혼자 영화를 보는 일은 우울하고, 외롭고, 어찌 보면 안타깝기까지 한 일이었다. 하지만 요즘의 나는 퇴근길에 혼자 영화 보러 가기를 즐긴다. 혼자 영화를 보러 가는 것이 내가 생각했던 것처럼 외롭거나 쓸쓸한 일이 아니라는 것을 알았기 때문이다. 혼자 극장에 갔을 때 무슨 영화를 보는지는 중요하지 않다. 극장에 들어서는 순간 새까만 정적에서 느껴지는 그 느낌 때문에 극장에 가는 것이다. 극장에 들어서고 보면 모두가 혼자이다. 모두 각자의 자리에 앉아 자신만의 자리를 차지한 채 같은 화면을 보며 저마다의 감상에 빠져든다. 삼삼오오 몰려온 사람들도 결국에는 모두 혼자이다. 다들 같이 어울리는 척 살아가고 있지만 가장 중요한 순간에는 모두가 혼자이다.

관계 다이어트

친구는 많지만 외로울 때 생각나는 사람이 없다는 사실이 나를 더욱 외롭게 한다. 누군가와 수다를 한바탕 떨어야 내일을 살아갈 힘을 얻을 것 같은 날, 나는 핸드폰을 만지작거리며 연락할 친구를 찾는다. "소주 생각나. 나올래?"라는 메시지를 보낼 수는 없더라도, 적어도 내 마음을 같이 느낄 수 있는 친구가 있었으면 좋겠다. 핸드폰이며 메신저에 수백 명의 사람을 두고도 오늘 이 밤을 같이 보내고 싶은 사람을 골라내지 못하는 날이 있다. 이렇게 외로운 날, 우리는 가장 감성적으로 보이지만 실은 가장 이성적이다. 나는 사람들을 일렬로 두고 한 사람씩 삭제하기 시작한다. 아주 냉정하게 그 사람들과의 관계를 바라본다. "오랜만이야. 잘 지내?"라는 인사가 어색한 친구는 거침없이 삭제한다. 예전 회사에서 알게 된 거래처 사장님, 옛날 남자 친구의 친구는 모두 삭제 대상 1호이다. 해묵은 관계가 너무도 많다.

  인간관계에도 휴지통이 필요하다. 가끔씩 내 지인이라 칭할 수 있는 관계의 범위를 정하고 의미 없는 관계를 삭제해가는 것도 아주 외로운 밤을 조금 덜 외롭게 보낼 수 있는 하나의 방법이다.

인류에 도움이 될 나만의 쓰임새를 찾아라

나는 이 세상에 빚과 의무를 지고 있다. 나는 30년간이나 이 땅 위를 걸어오지 않았나! 여기에 보답하기 위해서라도 그림의 형식을 빌려 어떤 기억을 남기고 싶다.
_반 고흐, 《반 고흐 영혼의 편지》

명랑하고 밝은 사람.
긍정적이고 호기심 많은 사람.
통찰력과 공감 능력이 뛰어난 사람.

나는 이 장점으로 무엇을 할 수 있을까?

나
의
쓰
임
새
는 무엇일까?

숨어 있는 능력을 찾아낼 것

사람은 누구나 자신에 대해 궁금해하는 본능을 갖고 있다. 나는 누구인가? 나는 무엇을 위해 살아가고 있는가? 나는 어떤 특성을 가진 사람인가? 답이 없는 이 질문을 항상 끌어안고 살아간다. 해답을 찾기 위해 헤매는 사람들에게 도움을 주기 위해 여러 가지 검사와 연구가 이루어졌다. MBTI나 애니어그램, 스트랭스파인더 등이 대표적인 것들이다. 검사지를 통해 사람들을 분류하고 해당 부류의 사람들이 가진 특성에 대해 설명해주는 툴이 많이 개발되었다. 나도 한때는 답답한 마음에 이런 것들 주변을 기웃거려봤다. 수많은 자기 계발서를 읽으며 혹시나 그들이 제시하는 방향과 가이드 중에 답이 있을까 눈에 불을 켜고 찾아보기도 했다.

하지만 우리의 인성이라는 것이 어떤 툴이나 검사를 통해 밝혀질 수 있는 성질의 것이 아니다. 이런 툴들이 우리에게 설명해주는 것들은 대부분 어떤 형태도 갖추지 않은 말랑말랑한 점토 덩어리와 같다. 그것들을 내가 어떻게 구현해내느냐에 따라 다른 내용으로 보일 수 있다. 그러니까 내 말은 명랑하고 긍정적인 삶의 태도를 가졌다는 진단을 받았다 해도 이것이 일상생활에 반영되지 않으면 내가 그런 특성을 가졌다고 자신 있게 말할 수는 없다는 것이다. 우리는 일상의 사사로움 속에서 사람들의 인성과 장점과 삶에 대한 태도를 알 수 있다. 가령 커피 우유를 두 개 들고 가다가 하나를 땅에 떨어뜨렸다고 치자. 이때 사무실로 올라가 떨어진 우유를 자기가 먹을지 아니면, 모른 척 친구에게 줄지를 보고 나라는 사람이 어떤 사람인지 알 수 있다. 아니면 빠르게 달려가던 자동차가 보행자를 위해 잠시 멈춰 섰을 때, 당연히 '보행자가 왕이지'라는 생각으로 느릿느릿 걸어가는지, 감사합니다든 죄송합니다든 고개를 꾸뻑거리며 총총걸음으로 걸어가는지에 따라서 나라는 사람이 세상을 어떻게 바라보는지 알 수 있다. 그러니까 우리는 일상생활을 통해 내 장점이든 쓰임새든 특성을 좀 더 구체적이고 정확한 방법으로 알아낼 수 있어야 한다. 나는 어떤 특성을 가진 사람인지, 사람들 사이에서 어떤 의미로 존재하고 싶은지, 무엇을 잘하는지, 무엇을 해야 하는지 끊임없이 관찰하고 연구해야 한다. 우리는 일상의 한 가지 사건을 두고 내 특성과 쓰임새를 발견해내는 방법을 익혀야 한다.

겨울이 되면 바빠지는 가스 계량기처럼 역할이 부각되는 나이와 시간이란 게 있는 걸까?

내가 누군가에게 해줄 수 있는 세 가지 일

내 장점을 알아내는 방법에 대해 연구해오라는 숙제를 받은 적이 있다. 내 장점에 대해 쓰라면 어느 정도 쓰겠는데, 그걸 발견해내는 방법을 찾아오라니. 난감하기 짝이 없었다. 다들 여러 가지 툴에 대해 설명할 것이 뻔했다. 나 또한 툴을 통해 내 장점을 발견했을 뿐 나 스스로가 발견해낸 방법론으로 내 장점을 찾아낸 적이 없었다. 일주일 동안 이 문제를 끌어안고 고민했다. 나는 내 장점을 어떻게 찾아내고, 어떻게 증명해 보일 것인가. 그때 제출했던 답이다.

내가 아는 사람들을 죽 한 줄로 배열해놓는다. 한 사람의 이름을 적고 세 칸을 띈 다음 다른 사람의 이름을 적는다. 대충 생각나는 사람의 이름을 다 적었으면 맨 위로 올라와 그 사람을 위해 내가 해줄 수 있는 일을 세 가지씩 적는다. 이때 내가 해줄 수 있는 일이란 크고 거창할 필요가 없다. 호기심이 많다거나 명랑하다는 장점으로는 그들을 도울 수 없다. 그러니 작고 소박할수록 좋다. 이 방법을 쓰면 내 장점을 아주 구체적으로 그릴 수 있다. 그녀가 관심을 갖는 카페 창업 정보를 같이 찾아봐주는 것, 낑낑거리며 만든 퀼트 작품을 보여주며 뿌듯해할 때 박수치며 정말 잘했다고 칭찬해주는 것, 엄마의 말벗이 되어주는 것. 사소한 일상에서 할 수 있는 일들이 나온다. 여기에 쓰여 있는 것들은 다른 사람에 비해 내가 더 잘할 수 있는 일들이다. 나의 장점이 된다.

생각해보면 내가 어떤 사람을 특별히 좋아하는 마음도 나의 장점이라거나 나의 쓰임새로 볼 수 있다. 그런 마음들을 하나씩 종이 위에 내려놓아보면 내가 해야 할 일도 많고, 할 수 있는 일도 많다는 것을 알게 된다. 세 명의 이름만 적어도 내 장점은 무려 아홉 가지나 나온다. 이 방법은 때론 아주 사소해 보이는 나의 존재를 돋보이게 한다.

★ ······ !INK

213

세상에 하나뿐인 명함

난 가끔 내가 정말 잘할 수 있는 일들로 만들어진 명함을 뿌리고 다니는 상상을 한다. 보이기 위한 것이나 겉만 뻔지르르한 그런 거 말고, 회사도 직함도 모두 떼어낸 진짜 내 능력을 솔직하게 표현한 명함을 만들고 싶다. 만약 나에게 그런 기회가 주어진다면 나는 내 명함에 어떤 이야기들을 담을까? 한번도 표현되지 않았지만 사람들이 꼭 알아줬으면 하는 내 능력은 어떤 것일까? 내가 이 세상에서 사람들에게 기여할 수 있는 일이란 어떤 것일까?

요즘 이 질문에 대한 답을 모으고 있다. 생각보다 재미있다. "와인은 사왔는데, 치즈가 없을 때 연락주세요. 치즈를 사서 달려가겠습니다." "4월에 남해로 대게 먹으러 갈 때 연락주세요. 꼭이요." "하루 세끼 삼겹살을 먹을 수 있습니다. 유쾌한 이야기를 하며 맛있는 삼겹살을 먹고 싶은 날, 전화주세요. 기쁜 마음으로 받을게요." "문득 공원에 햇볕이 좋아 같이 걸을 사람이 필요할 때 연락주세요." 나는 단순히 제휴마케팅을 담당한 사람이 아니라 언제든 친구가 필요할 때 같이 있어줄 수 있는 사람이다. 특별한 대상을 두고 이야기하는 것처럼 보이지만, 명함을 줄 사람이 따로 정해진 것은 아니다. 그 사람과 내가 명함 한 장으로 연결될 수 있었으면 좋겠다. 명함을 주고받는 순간 미래의 추억이 한 가지 생긴다. 약속 아닌 약속이 생긴다. 나의, 100가지 쓰임새를 모으고 나면 정말로 이런 명함을 찍어볼 작정이다. 이런 명함을 뿌리고 다니면 내가 하는 일에 보람도 느끼고 정말 열심히 즐겁게 살 수 있을 것 같다.

나를 필요로 하는 모두를 위하여

요즘 나는 '화장지가 필요한 모든 사람에게 도움의 손길을'이라는 미션을 수행하고 있다. 화장실 옆 칸에 들어간 친구가 "휴지 좀"이라며 손을 쑥 내미는 상황 정도로 생각하고 시작했다. 그런데 의외의 상황을 경험했다. 버스를 타고 집에 오는데 버스 정류장에 젊은 아가씨 한 명이 쭈그리고 앉아 오바이트를 하고 있다. 어라. 휴지가 필요하잖아. 아무도 시키지 않았는데 저 아가씨를 도와줘야 한다는 사명감에 버스에서 내렸다. 아가씨에게 휴지를 건네주고 다시 버스를 타는데 웃음이 나왔다. 이런 의외의 상황이 닥치자 이 놀이가 재미있어졌다. 공연을 보러 갔을 때 유난히 심하게 재채기를 하며 코를 킁킁대는 옆 사람에게 휴지를 내밀기도 했다. 미션 클리어! 동물원에서 악어 연못에 빠진 신발을 긴 막대기로 건져놓고 어찌할 바를 몰라 동동거리는 여자아이의 아빠에게도 휴지를 건네며 "혹시 필요하세요?"라고 물어보았다. 미션 클리어! 사소하지만 절박한 상황에서 그들을 구출해냈다. 이것을 위해 내가 할 일은 가방에 휴대용 티슈를 챙겨 다니는 것뿐이다.

　잘 알지 못하는 누군가를 돕기 위해 그 위치에 먼저 서서 기다리는 것, 지나가다가 그들을 만났을 때 기꺼이 준비된 손길을 내미는 것은 내 쓰임새를 찾는 아주 좋은 방법이다. 쓰임새를 만들어놓고 타이밍을 기다리면 되는 것이다. 다음엔 어떤 사람을 만나게 될까?

친구에게 일기 같은 편지를 보내다

사람들은 늘 하고 싶은 이야기를 마음속 장바구니나 위시리스트에 수북하게 담아놓고 있는지도 모른다. 그 이야기를 들어줄 상대가 없어서 언제나 마음속에 담아둔 채 그 대신 정치인의 말실수나 연예인의 사생활에 대한 험담이나 하고 사는지도 모른다.
_이미나, 《아이 러브 유》

진짜 하고 싶은 말들을 꾹꾹 눌러 담은 채
겉껍데기에 대한 이야기를 하면서
속마음과 다른 모양으로 웃고 있다.

많은 이야기를 나눌수록 공허했고,
웃고 난 뒷맛은 씁쓸했고,
신나는 술판을 벌이고 들어오는 밤길일수록 외로웠던 내 발걸음의 이유를
이제 조금은 알겠다.

자꾸 내 안으로만 오그라들고 있다.

나는 얼마나… 진심을 말하며 살고 있는가?

솔직하게 솔직하게 솔직하게

 나이가 들수록 아무리 친한 친구에게도 내 깊은 속내를 털어놓기가 어렵다. 특별한 사건이나 계기가 있었던 건 아니다. 그냥 나도 모르게 그렇게 되어버렸다. 내 깊은 속내라는 것이 그저 내가 살아가고 있는 사사로운 일상이며, 그 속에서의 내 감정일 뿐인데, 그래서 가장 나다울 수 있는 이야기일 뿐인데. 일부러 숨겨야 할 이유도 없고, 비밀스러운 이야기도 아닌데 말이다.
 안 되겠다! 누군가에게 이야기해야겠다! 작정하고 이야기할 상대를 찾아보지만 적당한 사람을 찾을 수가 없다. 학교 때 친구를 찾아가 이야기를 하자니 설명할 내용이 너무 많다. 요즘 이런 사람이랑 일을 하는데 말이야. 그 사람의 성격은 대략 이러하고 예전엔 이런 일이 있었고……. 헉헉. 본론을 꺼내기도 전에 지쳐버린다. 회사 친구를 찾아가 이야기하자니 말이 날까 두렵다. 상황은 다 이해가 되지만 내 마음은 알아주지 못할 것 같다. 무슨 이야기든 꺼내들기만 하면 모여들던 친구들, 나보다 나를 더 잘 알고 있다고 생각하던 친구들, 내가 어떤 말을 해도 내 편이라는 확신이 들던 내 친구들은 모두 어디로 갔을까?
 학교를 졸업하고 새로운 사람들과의 관계로 이어졌다. 두 개의 회사를 옮겨 다니면서 나의 인간관계는 큰 덩어리 단위로 변화를 겪었다. 그때마다 내 마음이 받았을 충격에 대해서는 생각해보지 못했다. 내 마음은 갈 곳을 잃었고 새로운 쉴 곳을 찾아 헤맸다. 그 혼란 속에서 마음의 문은 조금씩 닫혔다. 그저 모두들 이렇게 살아가고 있다고, 어른이 되는 방법을 배우는 중이라고 스스로를 위로하며 오랜 시간을 지나왔다.

내 안의 솔직이는 점점 작아졌다. 엠티 가서 불 꺼놓고 밤새 수다를 떨던 이불 속에서의 솔직이, 섭섭하다고 미안하다고 고맙다고 적었던 부끄러운 편지의 솔직이, 너한테만 하는 얘긴데로 시작하는 비밀 얘기 속의 솔직이. 모두 어디로 갔을까? 지금의 나는, 내 마음을 나누기에는 너무 오래된 친한 친구와 가깝다고 생각하기에는 1퍼센트가 부족한 새로운 친한 친구들 사이에 서 있다.

내 친구들을 찾고 싶다. 오래된 친구도 좋고, 새로운 친구도 좋다. 마음을 열고 그들을 초대해야겠다. 내 마음에서 밀어낸 것도 아닌데 언제부턴가 내 마음에 자리하지 못한 내 친구들. 어느 날 갑자기 하고 싶은 말이 울컥 몰아쳐 오는 날에 찾아가 앞뒤 없이 마음을 털어놓더라도 끄덕여주며 무조건 내 편이 되어줄 친구들을 빨리 만나고 싶다. 시시콜콜한 일상 이야기를 털어놓는 아기자기한 관계를 당신은 갖고 있습니까?

편지 봉투를 연다는 건
내 마음을 여는 것과 같다.

엽서 한 장의 감동

학교 다닐 때에는 엽서며 쪽지며 편지를 자주 보냈다. 그때 생각이 나서 친구에게 엽서를 보냈다. 문자 메시지라는 편리한 수단에 익숙해져 그런지, 난데없이 손으로 글씨를 써서 우편으로 엽서를 보내자니 머쓱하기 짝이 없다. 내용도 문자 메시지처럼 간결하다. '잘 지내?'라는 엽서에, 센스 있는 내 친구는 '만나자!'라는 답장을 보내주었다. 간단한 전화 통화로 잡을 수 있는 약속이었지만 엽서를 주고받는 동안 애틋함이 더해졌다. 또로롱 하고 떨어지는 문자 메시지보다 스르륵 내 앞에 던져지는 엽서 한 장이 훨씬 낭만적이고 감동적이었다. 추워지고 있으니 감기 조심하라는 쑥스러운 진심 얘기, 이제 그만 냉커피를 온커피로 바꾸자는 사소한 일상 얘기, 아직 남자 친구가 생기지 않았다는 근황 얘기. 생각나는 이야기를 적어 또 다른 친구에게 엽서를 보냈다. 핸드폰 문자 메시지라면 성의 없는 단체 메시지처럼 느껴질 말들도 손 글씨라는 아날로그 시스템을 통해 전해지면 군더더기 없는 진심처럼 느껴진다. 내 엽서 쓰기 취미를 빗살무늬토기 보듯 하지 않고 즐거운 감동으로 봐주는 친구들이 있어서 좋다.

진심은 글 속에 흐르고

사람들에게 감동을 주는 이야기들이 사라져가고 있다. 고마워요. 잘했어요. 힘내세요. 괜찮아요. 미안해요……. 서서히 줄어드는 것이 아니라 눈에 안 보일 만큼 어디론가 갑자기 없어져가고 있다. 내가 조금 더 나이가 들었기 때문인지, 세상이 점점 그렇게 변해서인지는 잘 모르겠다.

  대놓고 해야 하는 말이 있고, 전화로 하기 좋은 말이 있고, 편지로 하기 좋은 말이 있다. 그런데 편지라는 것이 사라지면서 글로 전하기 좋은 말들이 사라져가고 있다. 메일은 진심을 담기에는 왠지 너무 차갑고 쉬운 느낌이다. 메일은 절대로 편지를 대신할 수 없다. 사실, 편지에서 느껴지는 진심은 손으로 글을 쓰는 동안 이루어진 반성 덕분이다. 편지 앞쪽의 글씨와 뒤쪽의 글씨가 달라진 것을 보고 심경의 변화를 느끼는 것이다. 그 친구의 피곤을 읽는 것이다. 눈물에 글씨가 번진 자국을 보고 진심을 느끼는 것이다.

부모님, 드디어 독립하다

그러고 보니, 나는 부모의 요즘 생활에 대해 아는 것이 하나도 없다. 원래부터 그저 거기 있는 존재일 뿐 부모는 단 한번도 나의 반짝거리는 탐구의 대상인 적이 없었다. 자식들이 모두 떠난 집에서 부모는 매일매일 어떻게 살아가고 있는 걸까. 부모에 대해 나는 얼마나 알고 있을까.
_정이현, 《달콤한 나의 도시》

집에서 떨어져 나와 생활한 지도 10년이 넘었다.
떨어져 지낸 시간만큼 부모님과 나의 일상은 어긋나기만 한다.

문자 메시지 보내는 법을 가르쳐드리면
눈이 어두워 잘 보이지 않는다고 하신다.
메일 쓰는 법을 알려드리면
인터넷이니 뭐니 목이 터져라 설명해도 잘못 알아들으신다.
결국 잘 해보자고 시작한 모든 노력들은
싸움 비슷한 감정의 어긋남으로 끝나고 만다.

너무 늦어버린 것은 아닐까?
이 간격들을 어떻게 좁혀가야 할까?

부모님을 홀로 세울 것

부모는 단 한번도 나의 반짝거리는 탐구의 대상인 적이 없었다. 저녁이 되어도 더 이상 자식들이 돌아오지 않는 빈 둥지에서 엄마와 아빠는 둘이 마주 앉아 무슨 이야기를 나누고 계시는지, 아직도 서로 따뜻하게 보듬으며 위로하고 있는지, 혹은 알 수 없는 어색함에 말 한마디 없이 해가 지기만을 기다리다 일찍 불을 꺼버리는지. 날마다 아무 일도 일어나지 않는 평범한 저녁에 부모님이 느끼고 계실 이상한 슬픔에 관심을 둔 적이 없다.

한때 나의 목표는 집을 탈출하는 것이었다. 내가 제주도에서 벗어나지 못하도록 꽁꽁 묶어두려는 부모님의 품이 갑갑했다. 매일 아침밥을 챙겨주고, 빨래해주고, 다림질해줄 때에는 참 편하고 좋다는 생각을 하면서도 독립하고 싶은 것은 어쩔 수 없는 본능인 것 같다. 부모님의 걱정을 완전히 무시한 채 무작정 가방을 싸 들고 서울로 올라왔다. 그렇게 나와 산 지 10년이 되어간다.

그만큼 부모님은 나이가 들었고 나는 자랐다. 가끔 눈이 잘 안 보인다고 하시거나 전화 너머의 내 목소리를 잘못 알아들을 때는 가슴이 덜컥하기도 한다. 유심히 부모님을 관찰하기 시작했다. 나이 든 부모님의 약해진 모습을 보며 이루고 싶은 것은 무엇인지, 잃어버린 것은 무엇인지 관심을 가져보았다.

이제는 내가 받았던 것들을 조금씩 돌려드리고 싶다. 그것은 경제적인 도움이

공중전화가 보일 때마다
부모님과 통화해보는 건 어떨까?

아니다. 부모님이 나를 혼자 설 수 있게 키워주셨던 것처럼 나도 부모님을 혼자 설 수 있도록 돕고 싶다. 우리를 위해 너무 많은 것을 포기했던 부모님이 이제는 스스로를 찾을 수 있게 해주고 싶다. 자식 앞에서 작아졌던 자신감도 돌려드리고 싶고, 갖고 싶은 이름이라 소망했던 것들도 돌려드리고 싶다. 누군가 끊임없이 응원하고 엄마 편이 되어준다면 언젠가는 엄마도 스스로를 믿고 일어설 수 있지 않을까. 조금은 젊었던 시절로 돌아갈 수 있지 않을까. 더 나이가 들기 전에 서둘러야겠다.

둘은 모르는 비밀

통장을 두 개 만들었다. 하나는 아빠 거, 하나는 엄마 거. 두 분은 서로의 통장에 대해서는 아무것도 모른다. 아빠에게는 아빠에게만 드리는 거라고 했고, 엄마에게는 엄마에게만 드리는 거라고 했다. 우리 셋은 서로의 비밀을 모른다. 나는 적지만 매달 이 두 개의 통장으로 돈을 넣는다. 이 통장에 입금되는 돈을 어디에 어떻게 쓸지는 전적으로 엄마, 아빠가 스스로 결정한다. 30년 만에 상대방과 공유하지 않아도 되는 자유의 돈이 생기면서 두 분은 심심치 않은 고민에 빠지셨다. 그동안 해보고 싶었던 일을 생각해보게 되었던 것이다. 엄마는 가장 먼저 피자를 사 먹었다. 아빠는 가장 먼저 화분을 사 오셨다. 둘 다 예상치 못한 일이었다. 부모님에게 '하고 싶은 일' 이라 이름 붙일 만한 작은 소망이 있다는 사실을 무시한 채 너무 많은 시간을 걸어온 걸 반성한다.

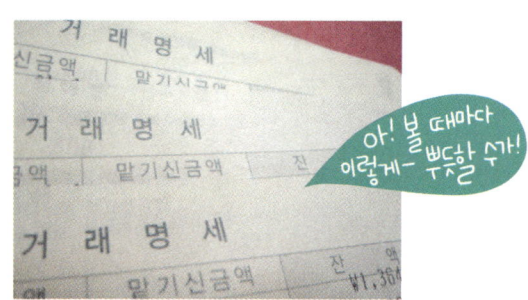

우리가 부모님께 드리는 것은 생활비가 아니다. 생각해보면 어렸을 때에도 옷을 사고 책을 사는 돈은 용돈과는 별개였다. 내 용돈은 오로지 내 마음대로 쓸 수 있는 자유의 돈이었다. 어디에 어떻게 썼는지 일일이 보고하지 않아도 되는 나만의 경제 활동 영역이었다. 우리가 부모님께 드리는 용돈은 이래야 한다. 우리가 드리는 것은 돈이 아니라 그 돈을 마음껏 쓸 수 있는 자유이다. 부모님께 용돈을 드리려면 상대방이 그 돈의 존재를 모르게 해야 한다.

아빠가 작아졌다

우리 아빠가 가장 싫어하는 것 중 하나는 허우대 말짱한 젊은이가 밝은 대낮에 드러누워 낮잠을 자는 것이다. 내가 가장 좋아하는 것 중 하나는 아무 때고 드러누워 낮잠을 자는 것이다. 아빠랑 같이 살 때 내가 낮잠을 자면 아빠는 일어나라고 일어나라고 뭔 낮잠을 자느냐고 타박하셨다. 그러다가 나는 집을 나와 지내게 되었고, 이제는 낮잠을 자다가 아빠 전화를 받아도 아빠는 밥이나 먹고 자라며 한 보 양보한 듯한 훈계를 하신다. 최근에 낮잠을 자다가 뚱한 목소리로 전화를 받자 아빠는 "낮잠 자고 있었니. 자는데 깨워서 미안하다"며 황급히 전화를 끊으셨다.

   아빠가 변했다. 변했다는 말이 약해졌다는 말인 것 같아서 슬프다. 점점 나를 이해해가시는 거라고 하기에는 어딘가 좀 허약해 보인다. 정말 생각이 바뀌신 건지, 표현법이 바뀌신 건지는 알 수 없다. 하지만 나에게 전달되는 마음이 달라진 것만은 확실하다. 예전보다 훨씬 작고 연약하다. 아빠의 작은 변화, 그 약해진 표현이 크게 다가온다. 부모님의 이런 변화에는 자꾸 관심을 가져야 한다. 종이 한 장을 꺼내 우리 아빠의 특징을 적어봤다. 그리고 내가 생각하는 아빠의 특징이 '지금도' 남아 있는가라는 질문을 던지고는 OX를 표시했다. 열 개 중 두 개만 O로 남았다. 아빠는 변했다. 그런데 나는 왜 아빠가 그대로일 것이라 생각했을까. 반성했다.

잃어버린 이름을 찾아서

회사 생활을 하지 않는 우리 엄마 아빠는 이름을 불릴 일이 거의 없다. 엄마 아빠의 이름은 동사무소나 은행에서 기호처럼 쓰일 뿐이다. 그 외에는 그냥 엄마 아빠, 혹은 누구의 엄마, 누구의 아빠로 불린다. 그러니 동사무소나 은행이 아닌 일상에서 이름이 불리면 스스로도 화들짝 놀라시는 눈치이다. 이런 엄마 아빠의 이름을 찾고 싶다. 그게 이유의 전부이다. 나만이라도 엄마 아빠의 이름을 불러야겠다는 생각이 들었다. 그렇다고 시건방지게 "일부 씨" "영순 씨" 하는 게 아니라 목소리에 반드시 애교를 한 큰 술 섞어 넣어야 한다는 게 포인트! 영순띠이이이이이이~. 처음에는 부끄러워하시던 부모님이 이젠 재미있어하신다. 내가 부끄러워야지, 왜 부모님이 부끄러워하셨는지는 모르겠다. 그만큼 누군가에게 존재감 있게 자리하는 것이 어색하고 쑥스러운가 보다. 이런 일들을 더더더 많이 만들어가야겠다. 부모님이 아무렇지도 않아질 때까지.

  누군가 다정하게 이름을 부르며 다가오면 내가 안정된 사회생활을 하고 있다는 느낌이 든다. 누군가 나를 기억하고 있다는 증거이기도 하고, 내가 이 사회와 아주 벗어나지 않은 곳에 있다는 의미이기도 하다. 부모님께 그 존재감을 찾아드리고 싶다. 누군가의 엄마로 존재하는 것이 아니라 자기 자신으로 존재한다는 사실을 알려주고 싶다.

커뮤니티에서 존재감 있게 살아남기

벗들이나 사랑하는 사람들과 함께 있는 것은 행복을 얻는 방법 중 으뜸가는 것에 속한다. 아무 말도 하지 않고 아무 행위도 하지 않고 그저 함께 앉아 있는 것으로 충분하다. 서로를 바라보아도 되고 바라보지 않아도 된다. 같이 있으면 기분 좋은 사람들에 둘러싸여 있는 것 자체가 더할 나위 없는 기쁨이다.
_베르나르 베르베르,《상대적이며 절대적인 지식의 백과사전》

지금 내가 속해 있는 집단에서 모두 떨어져 나온다면,
내 인간관계에는 몇 사람이 남을 것인가?

회사, 커뮤니티, 카페, 동호회……
나는 그 속의 사람들을 만나고 있는가?
아니면, 그 집단과 관계를 맺고 있는가?

관계의 넓이와 깊이의 균형을 맞출 것

그저 스쳐가는 사람이 되고 싶진 않아!

한 사람이 가질 수 있는 인간관계의 부피는 정해져 있다. 친구의 수가 적을수록 깊은 관계를 유지할 수 있고, 많은 사람을 만날수록 그들과는 관계가 깊어질 수 없다. 우리가 쏟아부을 수 있는 시간과 애정이 정해져 있기 때문에 이를 적당한 비율로 나눈 다음 만남을 가져야 한다. 사람의 성격에 따라서 혹은 놓인 상황에 따라서 관계의 넓이가 중요한 사람이 있고, 관계의 깊이가 중요한 사람도 있다.

갈수록 내 인간관계의 부피는 깊이보다는 넓이를 더해가는 쪽으로 기울고 있다. 인터넷과 핸드폰은 짧은 시간 내에 넓은 공간에 퍼져 있는 많은 사람들을 만나게 해주었다. 아주 고마운 일이다. 하지만 많은 사람들을 만나는 동안 내 인간관계의 깊이는 점점 제로에 가까워져 이제는 아예 평평해져버렸다. 인터넷을 통해 많은 사람들을 만나면서 어쩔 수 없이 내가 가지고 있는 애정은 여러 군데로 나뉘었다. 누구 한 명 제대로 알지 못한 채 누가 누가 더 많은 사람을 아나 대회에 출전이라도 한 것처럼 핸드폰의 전화번호 저장 메모리가 딸리도록 지인들이 채워져 가는 걸 뿌듯해했다. IT 혁명의 중심에서 얇고 가벼운 인스턴트 만남을 즐기며 오랜 시간을 보냈다.

그런 커뮤니티에 염증을 느끼기 시작한 것은 그들과 진정한 정을 나눌 수 없음을 깨닫고부터였다. 그들과의 만남은 항상 덩어리였다. 나와 친구의 관계가 아니라 나와 집단의 관계였다. 모임에 의한 만남이었다. 만나서 술 한잔을 기울이더라도 친구가 어떤 술을 좋아하는지, 어느 정도나 마시는지에 관심을 갖지 못했다. 대신 여러 사람들이 만족할 만한 것을 고르는 데만 급급했다. 항상 이런 모임에서는 집단을 위해 친구와 나를 포기한다. 커뮤니티는 많은 사람을 만나게 해주지만 진정한 정을 나눌 기회를 주지 않는다. 그저 어떤 집단의 한 구성원으로만 만남에 참여할 뿐이다. 많은 사람들을 만나지만 내 이야기를 하지 못하는 것도 같은 이유에서이다. 그저 내가 출입하지 않으면 알아서 연락이 끊긴다. 나는 그저 집단 속의 한 사람이었을 뿐이니까. 그리고 그 집단에는 내가 아니라도 많은 사람들이 있으니까. 가느다란 관계에 목숨을 걸며 그들의 모임에 따라다녔다.

집단에서 많은 사람들과 어울리는 것도 중요하지만 한 사람 한 사람과의 깊이를 더해가는 것이 더 중요하다. 내 안의 이야기를 할 수 없게 만드는 그런 공허함을 채울 방법이 필요했다. 이 모든 것이 인터넷, 컴퓨터, 핸드폰을 통한 기계적인 만남에만 생기는 문제는 아니다. 사실 문제는 만남에 임하는 우리의 마음가짐에 있다. 관계의 깊이 따위에는 관심도 없이, 오로지 관계를 넓히는 데만 치중하고 있다면, 이제는 어떻게 깊이를 더할 것인지 고민해보아야 할 때이다. 어느 날 정신을 차리고 엉덩이를 털며 일어섰을 때 일생 동안 지속될 만한 깊은 우정 하나 없이 겉껍데기에만 관계라는 도장이 찍힌 사람으로 기억되지는 말아야겠다. 수십 명에게서 한 가지 삶을 발견하는 것이 아니라 한 사람에게서 수백 가지의 풍경을 발견하는 만남을 갖고 싶다.

나를 나누어드립니다

메신저 대화명을 바꿨다. "《달콤한 나의 도시》 강제로 빌려드립니다." 그리고 내 맘대로 순서를 정하고 책을 돌렸다. 말 그대로 강제로 빌려주는 것이다. 물론 책을 읽은 사람 중에는 이게 뭐냐며 버럭버럭 화를 내는 친구도 있겠고 허무한 결론에 발끈하는 친구도 있을 것이다. 어쨌거나 우리에게는 같은 책을 돌려 읽었다는 좋은 추억이 하나 생기니 좋지 않느냐는 것이 책을 강제로 빌려주며 내가 내세우는 이유이다.

내 취향을 나누는 것은 나를 나눠주는 것이다. 친구에게 취향을 나눠줄 때에는 단순히 추천만 할 게 아니라 같이 즐겨줄 것을 요구해야 한다. 그 취향이 친구와 맞을 수도 있고 어긋날 수도 있다. 어긋나더라도 상처받을 일은 아니다. 나는 이걸 좋아하고 너는 이걸 싫어한다는 소중한 정보를 얻을 수 있기 때문이다. 아무것도 맞춰보지 않고 겉으로만 친한 것보다는 훨씬 낫다. 모임에서 만나 덩어리 만남만 즐기는 사람들과는 이런 작은 핀트들을 맞춰보는 시도가 중요하다. 내가 좋아하는 것을 저 사람도 좋아할지, 저 사람이 좋아하는 것을 나도 좋아할 수 있을지. 상대방의 관심사에 대한 끈을 놓지 말아야 한다. 혹시 아는가. 전혀 의외의 곳에서 나와 취향이 비슷한 사람을 만날 수 있을지.

빚을 내서라도 내 것으로 만들어야 하는 것들

요즘 내 하루는 영화를 다운받아 내 PMP 사이즈에 맞게 변환해서 채워 넣는 일로 끝이 난다. 이렇게 채워 넣은 영화는 왕복 네 시간의 출퇴근 시간을 심심하지 않게 해준다. 주변 사람에게 신경 쓰지 않고 몰두할 게 있어야 난 어떤 장소에서든 안정이 된다. PMP 하나로 내 생활이 이렇게 윤택해지리라고는 생각하지 못했

다. PMP와 노트북을 사기 전에는 전철에서 DMB를 보는 사람들을 한심하게 봤고, PMP나 MP3에만 관심을 둔 사람들을 개인주의자라 싸잡아 말했었다. 하지만 한번 가져보면 생각이 달라진다. 나만의 취향이 통하는 세상이 있다는 게 적잖은 안정을 준다. 영화든 애니메이션이든 드라마든 원하기만 하면 내 취향대로 골라 볼 수 있다. 맘에 드는 음악을 골라놓기만 하면 언제 어디서든 들을 수 있다. 시간 맞춰 집에 가지 않아도 텔레비전을 볼 수 있고, 내가 원하는 자료를 나만의 공간에 모아놓을 수 있다. 모든 것들을 나를 중심으로 움직일 수 있다.

노트북, PMP, 닌텐도, MP3. 나만의 물건을 갖는 것은 아주 중요하다. 그러니 빚을 내서라도 사라는 데 한 표 던지고 싶다. 이런 사람들을 두고 기계적으로 변해간다느니, 시간을 토막 내어 쉴 틈 없이 한다느니, 너무 개인적으로 변해간다는 말을 하기도 한다. 하지만 이런 것들은 현대인의 정신적 안정을 위한 필수품이다. 가장 믿을 수 있는 친구라고나 할까. 언제든 마음만 먹으면 함께 시간을 보내 줄 친구가 대기 중이라는 든든함은 그 누구도 대신해줄 수 없는 것이다.

집단 속에서 개인을 보다

어찌어찌 하여 공연 티켓이 생겼다. 커뮤니티를 통해 오랫동안 알던 언니와 함께 가기로 약속했다. 공연 티켓은 그냥 생겼으니 내가 밥도 사고 풀코스로 모시겠다고 했다. 식사 메뉴를 정하는데 언니가 무엇을 좋아할지 알 수가 없었다. 언니가 가장 좋아하는 것을 사주고 싶은데, 그게 무엇인지 잘 모르겠다. 언젠가 언니 집에 갔을 때 연꽃잎 밥을 해줬던 기억이 났다. 언니는 항상 그런 자연식을 좋아한다고 나 혼자 생각해버렸다. 조심스러울 게 없는 사이였는데도, 아직까지 좋아하는 음식을 알지 못한다는 게 미안했다. 서로의 취향을 알지도 못하고, 묻지도 못하고, 일 분쯤 방황했다. 평소 나는 친구들을 만나면 고기를 구워 먹거나 피자 같은 기름기 잔뜩인 음식을 즐겨 먹는다. 자연식을 먹을 만한 장소를 알지 못한다. 언니 아웃백 어때요? 내 취향이었다. 나야 좋지! 의외의 반응이었다. 언니는 이런 거 안 먹는 줄 알았어요. 아냐, 내가 이런 거 얼마나 좋아하는데. 지난번 언니네 집에 갔을 때 연꽃잎 밥을 해주어서 몸에 좋은 것만 챙겨 먹는 줄 알았죠. 아, 그래? 나 그런 거 별로 안 좋아해. 그냥 사람들이 온다기에 뭔가 좋은 걸 먹어야 할 것 같아 만들어본 거야. 항상 커뮤니티에서만 만나 대충 사람들이 싫어하지 않을 만한 음식을 적절히 골라서 먹다 보니 서로의 취향을 살필 기회가 없었다. 스파게티와 립을 시켜 먹는데 언니는 싹싹 소스까지 긁어 먹었다. 그냥 좋다고 한 게 아니라 진짜 좋아했다. 모임에서는 사람을 알 수 없다. 그저 겉껍데기만 스치면서 시간을 보낸다. 친하다면서 좋아하는 음식도 모른 채 오랜 시간을 지내온 게 미안했다. 이런 게 집단의 한계이다. 언니, 오늘 반성 많이 했어요. 앞으로는 조금 더 관심 가질게요.

이런 사이들을 하나하나 찾아내어 관계를 정의하는 작업을 해야겠다. 집단에서 만난 사람들끼리도 개인적인 관계가 필요하다. 이것은 파벌을 조성한다거나

인기 관리를 하기 위해서가 아니다. 진짜 아는 사람, 친한 사람이 되기 위해서는 집단에서 떨어져 나와 개인 대 개인의 만남을 가져야 한다. 사람과 사람이 만나면 관계가 생겨난다. 이 관계가 사람과 사람이 아니라 사람과 단체의 관계가 되어버리는 경우가 종종 있다. 사람과의 만남이 아니라 나와 모임의 관계로만 남아 있는 것이다. 단체를 만날 게 아니라 그 안의 사람을 만나야 한다. 단체 생활도 일대일 관계에서부터 출발한다.

같이 따로 놀기,
따로 같이 놀기,

사람들은 타인들과 친밀한 관계를 맺거나 혹은 자신만의 자율성과
개성을 갖는 것 중 하나만 선택할 수 있다고 생각한다.
캐롤 피어슨, 《내 안엔 6개의 얼굴이 숨어 있다》

영화를 보는 것은 각자 자기만의 방식으로 영화를 이해하는 것이다.
같이 있지만 따로 노는 것이다.

편지를 쓰는 것은 멀리 있는 사람과 대화하는 것이다.
따로 있지만 같이 노는 것이다.

같이 있고 싶은 마음도 중요하지만,
그만큼 혼자 있고 싶은 마음도 중요하다.

함께한다는 것을 기억할 것

두 사람 혹은 세 사람이 마주 앉아 있는 공간에 감도는 침묵은 우리를 당황하게 한다. 둘러앉은 사람 중 누군가는 말을 하고, 누군가는 듣고 있어야 우리는 안심하고 그 자리를 지킬 수 있다. 잠시 잠깐 고요가 찾아오면 서로 해야 할 말을 찾다가 동시에 이야기가 터져 나와 서로 먼저 하라고 양보하는 상황을 쉽게 경험할 수 있다. 같은 공간에 있는 우리는 계속 이야기를 주고받음으로써 함께하고 있음을 확인하게 된다. 반대로, 영화관에서의 침묵은 잘 견뎌낸다. 다정하게 손잡고 극장에 들어가지만 일단 자리를 잡으면 두 시간 넘게 혼자 정적 속에 앉아 혼자만의 감상에 빠져든다. 들어갈 때만 함께이고 정작 놀이의 핵심에서는 따로따로인 셈이다. 혼자 남겨진 그 시간이 두렵거나 지루하지 않다. 혼자라고 느끼지도 않는다. 무언가를 함께하는 것은 모든 시간을 함께 나누는 것이 아니라 같은 경험을 공유하는 것이다.

우리는 같이 있지만 서로 따로 시간을 보내는 방법을 이미 알고 있다. 친구와 서점에 가서 각자 관심 있는 책을 둘러보거나, 전시회에 같이 가지만 각자 맘에 드는 그림을 좀 더 오래 감상하기 위해 따로 걷거나, 해변에 늘어져 앉아 각자의 생각에 빠져 있거나, 카페에 앉아서 서로 다른 책을 읽을 수 있다. 마주 앉아 있다고, 함께한다고 모든 생각과 느낌을 공유해야 하는 것은 아니다. 서로 각자의 생각에 빠져 무언가를 쪼물거리는 시간이 더 좋다. 한 공간에서 서로의 거리를 유지하며 나만의 시간을 즐기는 것이다. 마찬가지로 떨어져 있지만 같이 시간을 보낼 수도 있다.

함께 있는 사람과의 친밀도를 결정하는 데 '공간'이 결정적인 역할을 해왔다면 그것을 넘어설 수 있어야 한다. 같은 공간의 친구와는 같은 생각을 해야 한다는 생각, 떨어진 공간의 친구와는 친밀한 느낌을 가질 수 없다는 생각은 우리의 관계의 범위를 너무 좁게 만든다. 혼자라고 느끼거나 함께라고 느끼는 것이 공간적 단절을 의미하지 않는다. 물리적으로 혼자지만 정서적으로 더 많은 사람과 함께할 수 있는 방법이 있다. 같은 공간에 있지 않더라도 함께한다는 생각만 있으면 외롭지 않다. 누군가와 함께 있고도 싶고, 혼자 있고 싶기도 한, 두 가지 욕구가 모두 중요하다. 같이 가도 따로인 것처럼, 따로여도 같이 있는 것처럼, 이런 친구가 한 명쯤 있으면 꽤 근사하지 않을까?

동상이몽.

카페에서 따로 놀기

나에게 카페란, 만남의 장소가 아니라 혼자만의 사색 공간이다. 일요일 저녁이나 퇴근 무렵 카페 창가에 앉아 점점 어두워지는 유리창에 내 모습이 또렷해지는 것을 바라보는 게 좋다. 일요일 저녁에는 카페에 혼자 가는 것이 전혀 문제될 게 없지만 퇴근 무렵에는 꼭 직장 동료가 따라 나선다. 카페란 오픈된 공간이니 오지 말라고 말할 권한이 내게 없다. 이런 날에는 직장 동료와 카페에 함께 가서도 따로 즐길 수 있는 특단의 조치가 필요하다. 직장 동료로부터 방해받지 않고 나만의 시간을 즐길 수 있어야 하니까. 앉아 있는 시간이 온통 수다로만 이루어진 킬링 타임용 카페 방문과는 달라야 한다. 그래야 따라온 친구도 조금은 덜 미안할 테니까.

같이 카페에 갔을 때 가장 중요한 것은 자리 배치이다. 싱글석이 있는 카페일 때에는 싱글석에 나란히 앉는 것이 좋다. 서로 대화를 하지 않아도 되는 구조이다. 싱글석이 없는 카페인 경우 4인석에 대각선 방향으로 마주 보고 앉는 것이 좋다. 이 또한 고개를 들었을 때 얼굴을 마주치지 않는 자리 배치이다. 모르는 사람처럼, 아는 사람처럼 각자의 책을 읽고 시간을 보낸다. 서로의 영역을 존중해 주면서 같은 공간에서 서로 다른 생각을 하며 어울리는 경험이다. 대부분의 시간을 혼자 테이블 위에서 뭔가 쪼물거리고, 가끔 고개를 들어 이야기하는 식이다. 다행히도 대부분의 친구들은 이런 관계, 시간, 공간을 좋아한다. 같이 카페에 가서 따로 노는 직장 동료가 있다는 게 나에게는 자랑 아닌 자랑거리이다.

함께 있을 때 오히려 혼자놀기가 즐거워질 수도 있다.

여행지에서 보내는 편지

처음 혼자 여행을 떠날 때 친구로부터 선물을 받았다. 엽서 한 뭉치였다. 내용이 채워진 엽서가 아니라 우표만 붙여져 있는 빈 엽서였다. 혼자 다니면 적적할 텐데 엽서를 쓰라는 배려였다. 그때의 그 정성과 센스가 감동스러워 새로운 여행
지에 도착할 때마다 친구에게 엽서를 썼다. 도착하는 곳마다 그곳의 소인이 찍힌 엽서를 보냈다. 무슨 숙제라도 하듯이 부지런히 우체통을 찾아 움직이는 내가 재밌기도 했고, 낭만적이기도 했고, 감동적이기도 했다. 우체통이 보이면 달리던 버스에서 내리기도 했다. 조금 긴 이야기가 필요한 밤에는 일기 같은 엽서를 쓰기도 했고, 기차에서는 풍경이 예쁘다며 목포로 가는 길이라고 썼고, 섬으로 가는 배에서는 어지러운 글씨체로 쓴 엽서에 뱃멀미까지 통째로 실어 보내기도 했다.

그렇게 보낸 엽서의 매력은 여행이 끝난 후에 더 크게 느낄 수 있었다. 여행을 마치고 제자리로 돌아왔을 때, 여행기를 따로 정리할 필요도 없이, 친구와 마주앉아 여행 이야기를 할 필요도 없이 친구는 내 여행에 대해 모두 알고 있었다. 나보다 먼저 도착한 엽서가 모든 것을 이야기해주었기 때문이다. 함께하지 않았지만 친구는 내 여행의 모든 것을 알고 있다. 마치 모든 여행을 친구와 함께한 느낌이었다. 직접 경험해보지 않으면 알 수 없는 벅찬 느낌이었다. 친구는 나에게 이 느낌을 선물로 주고 싶었던 것이다. 그때부터 여행지에서 편지 쓰는 습관이 생겼다. 친구에게, 그리고 나에게.

부부의 혼자놀기

왜 항상 부부는 세트여야만 하냐고 툴툴거리는 친구가 있다. 모든 것을 함께 즐기고 같이 움직여야만 하는 것이 답답하고 불편하다고 했다. 나도 부부가 항상 함께해야 한다는 것에는 동의하지 않는다. 그렇다면 나름대로의 방식을 연구해 놔야 한다. 분쟁이 생기지 않도록 규칙을 만들고 선을 그어놓아야 한다. 내 주변에는 서로 간섭하지 않으면서 같이 노는 부부들도 많다. 한 친구는 매주 주말마다 남편과 요리 배틀을 한다. 한쪽이 요리를 하고 한쪽이 즐기는 것이 아니라 둘이 같이 요리를 하고 누구 요리가 더 맛있는지 대결하는 것이다. 똑같이 떡볶이를 만들기도 하고, 한 사람은 김밥을 싸고 한 사람은 라면을 끓이기도 한다. 자신 있는 요리를 하고 누가 더 잘했는지 비교해보는 것이다. 또 다른 친구는 둘이 같이 여행을 가되, 하루는 친구가 짠 스케줄대로 남편이 같이 움직이고, 다음 날은 남편이 짠 스케줄대로 친구가 같이 움직인다. 서로의 취향을 공유하고, 길을 잃거나 헤매더라도 그대로 즐기는 것이다. 같이 가지만 혼자 움직이는 것과 다르지 않다고 한다. 마지막으로 한 친구는 쇼킹하게도 한 달에 하루씩 안식일을 둔다고 한다. 날짜를 정해두고 무얼 하든 간섭하지 않고 맘대로 할 수 있는 날을 만들어 혼자만의 시간을 갖는다는 것이다. 이렇게 되면 서로가 더욱 간절해지고, 함께하는 게 더 따뜻하게 느껴질 것 같다. 같이한다는 느낌만 있으면 서로의 영역을 존중한 채 따로 또 같이 즐길 수 있다. 부부라고 항상 세트일 필요는 없다.

: 에필로그 :

혼자를 넘어서…
60억 개의 혼자놀기!

더운 여름날, 시원한 맥주 한잔을 앞에 두고 아는 언니가 대뜸 물었다.
"왜 혼자 놀아?"
"응. 나는 사람들을 만나면 에너지를 발산하는데, 30년 동안 발산만 하느라 이젠 지쳤고 에너지도 바닥이야. 혼자인 시간에 나를 충전해놔야 사람들을 만났을 때 충전된 에너지가 관계에너지로 전환되어 그들과 다시 어울릴 수 있어."
"어? 그래? 나랑 반대네. 나는 사람들이랑 있을 때 충전하고 혼자 있을 때 발산하는데."
짧은 대화가 아주 잠시 혼란스러웠지만, 이 책을 엮는 데 큰 힘이 되어주었다. 혼자놀기는 아주 개인적이고 사적이라 정답이 따로 없다. 내가 좋아하고 추천해주는 카페가 다른 사람의 취향에는 맞지 않을 수 있다. 강추! 강추! 별 다섯 개를 달고 침 튀기며 꺼내놓는 놀이도 누군가에게는 재미없을 수 있다. 상관없다. 이 책은 내가 재미있어하는 나의 혼자놀기일 뿐이다. 아니면 말고! 하는 배짱이 생겼다.
60억 지구인에게는 60억개의 혼자놀기 이유와 혼자 놀 거리가 존재한다. 자신을 충전하기 위해 아주 낯선 환경 속으로 자신을 밀어 넣는 사람이 있는가 하면 아주 익숙한 상황 속으로 숨어드는 사람도 있다. 어떤 상황에 어떤 방식을 선택할지는 개인의 사정과 취향과 자유와 선택에 달려 있다.
나만의 혼자놀기를 찾아야 한다. 내가 가장 만족스러워할 만한, 나를 가장 기쁘게 할 만한 것들은 내가 찾아야 한다. 내가 어떤 풍경에 감동하는지, 어떤 느낌의 카페를 좋아하는지, 수많은 실험과 시도를 통해 찾아야 한다. 나만의 혼자놀기를 찾아줄 사람은 나뿐이다. 이제 내가 가장 마음에 들어 하고, 가장 만족할 만한 혼자놀기를 찾아보자.

이 책이 나만의 혼자놀기를 찾는 데 정답은 아니어도 모범답안은 될 수 있을 것이다. 이 책에서 벌어지는 일들은 언젠가 한번쯤은 마음먹었던 일이고 일상에서 흔히 벌어지는 일들에 대한 새로운 깨달음이기도 하다. 그렇게 일상의 소소한 느낌들 속에서 자연스럽게 혼자만의 시간을 받아들이게 되길 바란다. 언젠가 혼자만의 시간을 보내면서 알 수 없는 뜨거운 기운이 가슴 속에서 꿀렁꿀렁 올라오는 것을 느껴준다면, 내가 표현하지 못한 것들까지 이해준 것이니 고맙고 또 고맙겠다.

모든 과정을 즐겁게 최선을 다하며 건너온 나에게,
불규칙한 생활 패턴과 책으로 어질러진 방을 잘 참고 견뎌준 가족들,
나보다 더 설레는 마음으로 내 책을 기다려준 선생님과 친구들,
할 수 있다는 용기로 자신감을 보태주고 함께 달려준 출판사 식구들과 혜정 님,
누구보다 이 책의 출간을 기뻐할 나의 가장 좋은 친구, 하늘나라 보윤에게.
감사의 인사와 소주 한잔을!

혼자놀기

글 | 강미영
그림 · 사진 | 천혜정

초판 1쇄 발행일 2008년 11월 21일
초판 6쇄 발행일 2010년 8월 20일

발행인 | 한상준
기획 | 박재호
편집 | 윤정숙
마케팅 | 김현우
독자관리 | 이재희
디자인 | 나윤영
사진에 도움을 주신 분들 | 권함, 장태순, 조경호, 김희문, 김태식, 허진희, 서호원
종이 | 화인페이퍼
출력 | 경운출력
인쇄 · 제본 | 영신사

발행처 | 비아북(ViaBook Publisher)
출판등록 | 제313-2007-218호(2007년 11월 2일)
주소 | 서울시 마포구 연남동 567-40 2층
전화 | 02-334-6123 팩스 | 02-334-6126 | 전자우편 crm@viabook.kr

ⓒ 강미영 · 천혜정, 2008
ISBN 978-89-960791-5-6 03800

- 이 책은 저작권법에 따라 보호받는 저작물이므로 무단전재와 무단복제를 금합니다.
- 이 책의 전부 또는 일부를 이용하려면 저작권자와 비아북의 동의를 받아야 합니다.
- 이 도서의 국립중앙도서관 출판시도서목록(CIP)은 e-CIP 홈페이지
  (http://www.nl.go.kr/cip.php)에서 이용하실 수 있습니다. (CIP 제어번호:2008003286)
- 잘못된 책은 바꿔드립니다.